W0208830

GODET

À LA ROCHELLE DEPUIS 1588

Depuis que le cognac existe

L'ABUS D'ALCOOL EST DANGEREUX POUR LA SANTÉ. À CONSOMMER AVEC MODÉRATION.

REVUE DES DEUX MONDES

Sommaire | NOVEMBRE 2021

Études, reportages, réflexions

Critiques

Les revues en revue
Notes de lecture

La pensée de Claude Lévi-Strauss a façonné le XXe siècle. Disciple de Montaigne autant que de Rousseau, l'auteur de *Tristes Tropiques* a pulvérisé une certaine bonne conscience de l'Occident dans les années cinquante en montrant qu'il n'existait pas de peuple sans culture, ni d'aune commune à quoi on puisse juger les systèmes de croyances et encore moins les condamner. Vingt ans plus tard, il pulvérise une certaine bonne conscience progressiste en exonérant l'hostilité envers les autres de toute connotation raciste car c'est le « droit de chaque culture à rester sourde aux valeurs de l'Autre ». C'est même le prix à payer pour la survie d'un *optimum* de diversité. Tel est l'héritage de Lévi-Strauss : une pensée complexe qui ne se laisse jamais enfermer.
Qui est vraiment le pape de l'anthropologie française ? Pourquoi et comment évolue sa réflexion ? Quelles leçons pouvons-nous en tirer à l'heure où la pensée *woke* et décoloniale revendique un racisme anti-Blancs et où l'angoisse du grand remplacement s'oppose à l'idéologie multiculturaliste dans un affrontement binaire et exacerbé ?
Également dans ce numéro de la *Revue des Deux Mondes*, un hommage à l'immense Maurice Genevoix, entré il y a tout juste un an au Panthéon. *Ceux de 14*, son chef-d'œuvre sur la Grande Guerre, monument de papier en mémoire des camarades connus et inconnus, fut écrit dans l'espoir de fortifier une humanité toujours menacée. Vivre n'est-il pas survivre ? Écrire n'est-il pas vivre avec la mort ? Chaque livre de guerre ou de paix de Genevoix est empreint de cette quête. V.T.

Éditorial

Le stupéfiant retour en grâce de la race

Lorsque Claude Lévi-Strauss, le pape de l'anthropologie française, écrit « Race et histoire » en 1952, à la demande de l'Unesco, le monde est encore sous le choc de l'abomination de la Shoah, découverte quelques années plus tôt.

Les conséquences des conceptions raciales du nazisme fondées sur des théories biologiques s'étalent à travers des images ou des livres dans toute leur horreur. Les institutions internationales issues de la Seconde Guerre mondiale veulent délégitimer à tout jamais le discours de hiérarchisation des races. Le texte fondateur de l'Unesco l'exprime avec force en 1945 : les ressemblances entre les humains sont plus importantes que les différences, le reste n'est que préjugés qui se combattent par l'éducation.

« Race et histoire » assure que non seulement il n'y a pas de différence ontologique entre les races mais qu'il n'y en a pas non plus entre les cultures. Si certains groupes ont évolué plus vite que d'autres, c'est par le jeu des « hasards » et non parce qu'ils sont par « essence » plus disposés à évoluer. Le métissage, ignominie pour le régime nazi, est selon Lévi-Strauss une condition vitale de la bonne marche de la civilisation. Toutefois, précise-t-il, la fusion culturelle ne doit pas être trop intense. Sinon elle aboutit à la disparition des différences. Or, pour l'auteur de *Tristes Tropiques*, le progrès se nourrit d'écarts différentiels. Le « devoir sacré de l'humanité » est donc d'œuvrer pour la collaboration entre les cultures sans sacrifier leur diversité.

Il n'y a donc pas rupture fondamentale entre le Lévi-Strauss de 1952 et celui de 1971 (1) qui, dans une nouvelle conférence prononcée à l'Unesco intitulée « Race et culture », exprime ses réserves sur la *doxa* de l'institution, faisant de l'homme un être naturellement prêt à accepter l'autre. Il s'y inquiète de la croissance démographique dans une planète devenue trop étroite et dont les ressources diminuent, créant son lot inévitable d'hostilités entre les peuples. Claude Lévi-Strauss préfère chérir « ces vieux particularismes », conditions nécessaires à la création, contre l'uniformisation. À rebours de la mondialisation heureuse, il pointe la montée des intolérances.

Le choc est violent pour les thuriféraires de l'anthropologue. Lorsque le texte paraît sous forme de préface au *Regard éloigné* en 1983, dans une époque marquée par la montée de l'extrême droite, nombre d'entre eux sont consternés par des propos qui risquent de « faire le jeu » du Front national et de la Nouvelle Droite.

Mais Lévi-Strauss n'en démord pas. Il aggrave son cas en s'attaquant sans tabou à la question de l'islam : « J'ai commencé à réfléchir à un moment où notre culture agressait d'autres cultures dont je me suis alors fait le défenseur et le témoin. Maintenant, j'ai l'impression que le mouvement s'est inversé et que notre culture est sur la défensive vis-à-vis des menaces extérieures, parmi lesquelles figure probablement l'explosion islamique. Du coup, je me sens fermement et ethnologiquement défenseur de ma culture », dit-il en 1985 (2).

L'époque est en train de basculer de « Touche pas à mon pote » à « Touche pas à mon foulard ». L'affaire des lycéennes voilées de Creil aura lieu quatre ans plus tard.

Le constat d'une insécurité culturelle ressentie par les Français, particulièrement les plus isolés ou les plus précaires, face à la montée du communautarisme et de l'islam politique sera largement documenté à partir des années deux mille. Notamment par le géographe Christophe Guilluy et le politologue Laurent Bouvet. Sans oublier le premier pavé jeté dans la mare qu'ont constitué *Les Territoires perdus de la République,* ouvrage paru en 2002, sous la direction de Georges Bensoussan (3), perçu lors de sa sortie comme une vision paranoïaque et raciste de la France.

Le coup de semonce de Claude Lévi-Strauss était tristement prémonitoire.

Il y a un an, dans la banlieue tranquille de Conflans-Sainte-Honorine, Samuel Paty était décapité par un islamiste pour avoir montré, dans un cours consacré à la laïcité et à la liberté d'expression, des caricatures de *Charlie Hebdo*.

Dans *J'ai exécuté un chien de l'enfer*, l'enquête passionnante qu'il a menée sur cet assassinat (3), David di Nota interroge non seulement les impasses cognitives, les paradoxes administratifs, le dispositif étrange à la fois « bienveillant et meurtrier » d'une institution, l'Éducation nationale, mais aussi l'atmosphère d'une époque qui ont conduit au meurtre. Récit kafkaïen où la victime devient le coupable, s'excuse d'un crime qu'elle n'a pas commis, et finit comme le héros du *Procès*, sous la lame d'un couteau de boucher.

Samuel Paty fut accusé d'« islamophobie », version moderne du blasphème, au nom duquel les soldats du nouvel « antiracisme » veulent condamner au silence tous ceux qui osent ne pas respecter la religion, ses attributs, ses prescriptions. Que les professeurs soient en phase avec la nouvelle *doxa* antiraciste, ou qu'ils se taisent, affolés par la dérive des principes républicains et la soumission de leur hiérarchie au « Pas de vague », le résultat est le même. L'autocensure règne désormais parmi le corps enseignant.

Claude Lévi-Strauss aurait-il cautionné cette pirouette consistant à faire d'une religion une race, et à en interdire la critique au nom du bien ? On se gardera de faire parler les morts, surtout un intellectuel à la pensée aussi complexe que celle du titulaire de la chaire d'anthropologie sociale au Collège de France.

Mais l'essentialisation dans laquelle est en train de verser notre pays ne cesse de stupéfier par son caractère rétrograde. Les anthropologues, les biologistes, les intellectuels de la seconde moitié du XXe siècle avaient combattu les théories autour de la race qui faisaient florès dans l'entre-deux-guerres et qui avaient contribué à l'avènement du pire. Sommes-nous de nouveau face à un affrontement des races, avec, cette fois-ci, la bénédiction du camp progressiste ?

En 1924, le jeune naturaliste Julian Sorell Huxley résumait ainsi dans le *Spectator* les observations faites lors de son voyage dans le sud des États-Unis : « L'esprit du Nègre est aussi différent de l'esprit du Blanc que le corps du Nègre est différent du corps du Blanc. » Ces propos, qu'on pensait disqualifiés, pourraient être repris quasi à l'identique par le nouvel antiracisme décolonial *woke* qui veut redéfinir notre imaginaire politique autour des races. « En tant que Blanc », « en tant que Noir », ainsi s'expriment de plus en plus souvent des universitaires sous la pression du mouvement décolonial. Mais si le Blanc et le Noir ne peuvent plus se mettre dans la peau l'un de l'autre, si on ne peut plus s'identifier à son semblable humain, comment imaginer les prémices d'une empathie, d'une lutte contre le racisme ?

Retour idéologique de la race et de la soumission à la religion au pays de la laïcité et de l'universalisme hérité des Lumières ; déni de l'insécurité physique, mais encore plus culturelle, face aux ghettos communautaristes : le cocktail est explosif.

Depuis quarante ans, les politiques ont eu, à droite comme à gauche, beaucoup de mal à identifier le défi qui se pose à nos sociétés (certains ne le font toujours pas !) et qui peut conduire en 2022 à une exaspération paroxystique dans les urnes. Un mécontentement largement exploité par une droite trumpo-populiste dans une forme olympique.

Valérie Toranian

1. Lire sur le sujet Wiktor Stoczkowski, « Racisme, antiracisme et cosmologie lévi-straussienne. Un essai d'anthropologie réflexive », revue *L'Homme*, n° 182, avril-juin 2007, p. 7 à 51.
2. Entretien au *Magazine littéraire*, n° 223, octobre 1985.
3. Georges Bensoussan (dir.), *Les Territoires perdus de la République. Antisémitisme, racisme et sexisme en milieu scolaire*, Éditions Mille et une nuits, 2002.
4. David di Nota, *J'ai exécuté un chien de l'enfer. Rapport sur l'assassinat de Samuel Paty*, Le Cherche Midi, 2021.

Retrouvez tous les lundis les éditos de Valérie Toranian sur notre site www.revuedesdeuxmondes.fr.

DOSSIER

L'HÉRITAGE DE LÉVI-STRAUSS

À CONTRETEMPS

› **Emmanuelle Loyer**

« Race et culture » est d'abord une conférence prononcée en 1971 avant de constituer le texte d'ouverture d'un recueil d'articles publié en 1983, intitulé « Le Regard éloigné ». À chaque fois, le contexte de réception de la parole lévi-straussienne se fait dans une forme de contretemps qui caractérise, par ailleurs, l'être et l'éthique intellectuels de l'ethnologue. Dans les années soixante-dix et quatre-vingt, Claude Lévi-Strauss réinvestit, malgré lui, la figure du « grantintellectuel » en l'infléchissant : n'ayant rien de commun avec le prophète engagé, il ne refuse cependant pas de s'exprimer sur l'aujourd'hui, mais il le fait toujours à partir d'un éloignement revendiqué. Son « regard éloigné » est explicitement celui de l'ethnologue mais aussi, de plus en plus, celui du vieil homme, en déprise assumée avec son temps. Vieux bonze pessimiste, il ne lui déplaît pas de hérisser ses contemporains lorsqu'il le pense nécessaire. C'est le cas lorsque, avec « Race et culture », il discute le catéchisme antiraciste de l'Unesco, puis dans le contexte des années quatre-vingt, se met en danger d'être soupçonné de récupération par l'extrême droite – alors que SOS Racisme est créé, un an plus tard, en 1984.

Emmanuelle Loyer est historienne. Elle est notamment l'auteure de *Lévi-Strauss* (Flammarion, 2015, prix Femina essai 2015). Dernier ouvrage publié : *L'Événement 68* (Flammarion, 2018).

« Race et culture » est en effet un texte intempestif dont le double contexte d'appropriation a largement informé la lecture, parfois superficielle et très idéologique, qu'on en a faite et qui, aujourd'hui, s'offre à nous dans une conjoncture favorisant une opportune redécouverte. Tel est le destin des écrits qui, loin d'être des unités de sens closes, ne voyagent pas dans le temps ni dans l'espace munis de leurs significations. Ces dernières se construisent en un temps et en un lieu, dans un horizon d'attente des lecteurs ou des auditeurs. Ce double contretemps, qui fut aussi un double scandale, n'est donc pas chose rare. Les malentendus (*misunderstandings*), plus ou moins productifs, jalonnent l'histoire de la circulation des idées et sont la promesse d'imprévisibles rendez-vous avec leur présent.

À l'origine, comme l'explique Claude Lévi-Strauss, il s'agit d'une commande de l'Unesco, qui lui avait demandé d'ouvrir l'Année internationale de la lutte contre le racisme par une grande conférence devant faire pendant, dans l'esprit des organisateurs, avec le texte publié presque vingt ans auparavant par la même institution : « Race et histoire » (1952). Échaudé par « l'étalage périodique de bons sentiments » (1) et l'inanité visible de l'exhortation antiraciste de l'Unesco, l'ethnologue décide de parler franchement. « Ce fut un assez joli scandale. (2) » René Maheu, alors directeur général, tenta de désamorcer la bombe par un petit discours qui avait pour but non seulement d'« exorciser par anticipation *[s]*es blasphèmes » (3) mais aussi de « bouleverser l'horaire prévu » afin de réduire le temps de parole du conférencier hérétique. Imprévisible Lévi-Strauss… Ce *gentleman* très digne de l'*establishment* scientifique n'hésite pas à ruer dans les brancards de la bien-pensance onusienne. Cette description n'est pas une rodomontade de Lévi-Strauss, qui, du reste, n'est pas connu pour cabotiner. Une archive de l'INA, l'enregistrement de la conférence et du débat qui l'a suivie, confirme l'accueil glacial et gêné de l'auditoire : silence, prise de parole agressive, lapsus s'enchaînent tandis que Lévi-Strauss essaie vaillamment d'éteindre l'incendie qu'il a allumé (4)… Qu'avait-il dit de si affreux ?

Premier péché de cette conférence : l'ethnologue fait entrer « le loup *[de la génétique]* dans la bergerie *[des sciences humaines]* » (5) en affirmant la nécessité d'un nouveau dialogue entre les deux. Il joint donc le biologique avec le culturel mais en en inversant les termes de détermination par rapport à la vieille anthropologie physique : ce n'est pas la race qui dicte la culture mais les facteurs culturels qui peuvent parfois orienter le cours de la sélection naturelle. Lévi-Strauss l'a toujours dit : il ne doit pas y avoir de sujet tabou en sciences…

Mais le fond de l'affaire réside dans les dernières pages. L'anthropologue s'y inscrit en faux contre une croyance bien établie dans l'enceinte de l'Unesco : l'idée que la diffusion des savoirs, le développement des échanges entre les hommes les aident à se comprendre et à communiquer et, ainsi, participent au combat qui identifie l'institution internationale depuis sa naissance, en 1945, et, au fond, la justifie : la lutte contre le racisme. Déjà, dans les années cinquante, alors qu'il travaillait, au sein de l'Unesco, comme secrétaire général du Conseil international des sciences sociales, Lévi-Strauss avait contribué à promouvoir des programmes de recherche prenant à rebrousse-poil les principaux articles de foi de l'institution ; par exemple, une enquête sur les effets sociaux et culturels des campagnes d'alphabétisation ouverte, par définition, à l'idée que ces campagnes pouvaient avoir des conséquences contraires aux objectifs avoués – combattre l'illettrisme, l'ignorance, donc la haine et le racisme. Ce *credo*, associé à la valorisation systématique du supranational et des échanges internationaux, nourrit depuis longtemps une perplexité agacée que vient renforcer le constat de l'inefficacité totale du combat engagé. Il a beau jeu d'enfoncer le clou : rien n'indique que les attitudes racistes aient diminué.

L'inadéquation évidente des réponses traditionnelles le pousse à formuler quelques hypothèses qui lui tiennent à cœur depuis longtemps. Pour Lévi-Strauss, les préjugés raciaux ne sont qu'une « couverture idéologique » masquant des rapports de force plus réels, et surtout une intolérance, une difficulté plus grande à vivre les uns avec les autres sur notre planète surpeuplée. Il use alors de cette terrible comparaison qui était déjà présente dans *Tristes Tropiques* : les humains sont arrivés au stade où, « tels ces vers de farine qui s'empoisonnent à distance par les toxines qu'ils sécrètent, bien avant que leur densité n'excède les ressources alimentaires dont ils disposent dans le sac qui les enferme » (6), ils se haïssent eux-mêmes. La contribution de l'ethnologue consiste ici à rappeler que « la tolérance réciproque suppose réalisées deux conditions que les sociétés contemporaines sont plus éloignées que jamais de connaître : d'une part, une égalité relative, de l'autre, une distance physique suffisante » (7).

Lévi-Strauss conclut que la densification des communications due à la croissance démographique pourrait aboutir, à rebours des espoirs placés en elles, à l'effacement de la diversité culturelle ou à des métissages frauduleux. Plus choquant encore, il exonère l'hostilité envers les autres de toute connotation raciste et la considère comme un « droit de chaque culture à rester sourde aux valeurs de l'Autre, voire à les contester ». Attaché aux « vieux particularismes », l'ethnologue voit dans cette incommunication relative le prix à payer pour la survie d'un *optimum* de diversité et même la condition de toute création véritable.

La conférence de l'Unesco fait scandale

Le texte « Race et culture » (1971) aurait pu être inclus dans *Anthropologie structurale deux*, publié en 1973. Lévi-Strauss avait décidé de ne pas jeter d'huile sur le feu et s'en était abstenu. C'est donc en 1983 qu'il est publié dans *Le Regard éloigné* dont il constitue le clou et exprime, d'emblée, la tonalité à la fois tonique et mélancolique de l'intervention intellectuelle du pape de l'ethnologie française. Lévi-Strauss creuse encore l'écart avec ses contemporains. Lue à l'aune de la réception globale du livre dans le champ intellectuel de l'époque, la conférence de l'Unesco fait de nouveau scandale.

Y compris dans son cercle professionnel, tout le monde s'interroge. Ses élèves s'inquiètent. « Silence dans les médias. Ici et là, on entend dire que le maître n'a jamais été plus réactionnaire, qu'il défendrait même des thèses racistes ; on chuchote mais personne n'en parle vraiment. (8) » Selon Catherine Clément, on se trompe et on tient là une « réflexion profondément conservatrice mais aussi profondément novatrice » (9) d'un « moraliste écologique » (10). Mais l'ethnologue africaniste Emmanuel Terray se souvient d'avoir douté (11).

C'est aussi l'effet d'une réception décalée dans le temps et aiguisée par le nouveau contexte politique, avec une extrême droite adossée à un néoracisme particulariste tandis qu'à gauche, au contraire, le nouveau ministre de la Culture, Jack Lang, vient de chanter les louanges du métissage à la Conférence de Mexico (1982) et que SOS Racisme sera lancé l'année suivante, en 1984, dans un mélange de conviction antiraciste et de rouerie politique. On ne cesse de renvoyer Lévi-Strauss à « Race et histoire » comme si leur auteur ne pouvait être le même, comme si les deux textes étaient en contradiction, l'un vantant la fécondité de l'hybridation, l'autre conditionnant les grandes créations par un minimum d'isolement. En réalité, s'exclame un Lévi-Strauss mordant et assez peu disposé à en rabattre sur ce point : « Ce sont les deux faces d'une même réalité. (12) » Le risque le plus probable est, selon lui, l'homogénéisation de la planète, « mais plus encore la vertu doctrinale qu'on lui prête. Pourquoi voulez-vous que tout le monde aime tout le monde ? (13) » Le racisme n'est pas la xénophobie et la xénophobie n'est pas l'insensibilité à l'autre. À la confusion généralisée sur l'usage du terme « racisme », Lévi-Strauss répond par une hygiène lexicologique qui lui semble urgente (14). Il persiste et signe : « Je ne peux pas dire que j'ai une quelconque sympathie pour un certain nombre de propos que tient Jean-Marie Le Pen, mais je crois qu'on lui a mâché la besogne en laissant s'instaurer la confusion que j'ai signalée. (15) » On comprend que la presse de gauche fasse grise mine, aussi bien la vieille gauche socialiste et communiste, poignardée par sa critique du « progrès », que la nouvelle gauche post-1968, éprise de spontanéité et de « créativité », de métissage et d'antiracisme.

Lévi-Strauss est l'homme des continuums, il pense par gradients et seuils. La violence n'est pas fondatrice de l'ordre social mais inextricablement liée à toute vie sociale, entre un *optimum* de communication, un isolement, qui est le pire pour un individu comme pour une société, et, au contraire, une sociabilité qui grossit jusqu'à la dévoration – limite supérieure de toute société qu'il a évoquée en parlant du cannibalisme. Dans « Race et histoire » comme dans « Race et culture », il conditionne les grandes époques créatrices à un *optimum* d'échanges, une communication suffisante mais où les obstacles n'auraient pas disparu qui permettent à chaque société de conserver son originalité. En 1952, il insistait plutôt sur la nécessaire mise en communication ; en 1971, il insiste sur la nécessité de conserver ses distances : ni trop près, ni trop loin.

Emmanuel Terray reconnaît aujourd'hui : « "Race et culture" n'était pas une argumentation du repli sur soi. Nous nous sommes trompés à l'époque. (16) » Tout à fait choquant et inaudible aussi bien en 1971 qu'en 1983, « Race et culture » sonne à nos oreilles contemporaines comme une semonce trop claire. En effet, Lévi-Strauss pense que l'avenir, pour les raisons qu'il a dites, réserve des tensions « telles que les haines raciales offrent une bien pauvre image du régime d'intolérance exacerbée qui risque de s'instaurer demain ».

1. Claude Lévi-Strauss et Didier Éribon, *De près et de loin*, Odile Jacob, 1988, p. 206.
2. Claude Lévi-Strauss, *Le Regard éloigné*, Plon, 1983, p. 14.
3. *Idem*.
4. Archive INA récemment intégrée dans l'émission de Jean Lebrun, *Intelligence service*, le 17 avril 2021, sur France Inter.
5. Claude Lévi-Strauss, *Le Regard éloigné*, *op. cit.*, p. 15.
6. *Idem*, pp. 43-44.
7. *Idem*, p. 44.
8. Catherine Clément, « La bonne distance », *Magazine littéraire*, juillet-août 1983.
9. *Idem*.
10. *Idem*.
11. Emmanuel Terray, entretien avec l'auteur, 15 avril 2014.
12. « Pourquoi faudrait-il que tout le monde aime tout le monde ? », entretien avec Claude Lévi-Strauss, propos recueillis par J.-P. Salgas, *Jeune Afrique*, n° 1171.
13. *Idem*.
14. Claude Lévi-Strauss, *Le Regard éloigné*, *op. cit.*, p. 15 : « Le racisme est une doctrine qui prétend voir dans les caractères intellectuels et moraux attribués à un ensemble d'individus, de quelque façon qu'on le définisse, l'effet nécessaire d'un commun patrimoine génétique. » Lévi-Strauss s'empresse ensuite de distinguer le racisme *stricto sensu* d'attitudes qui placent la culture de son propre groupe plus haut que celle des autres pour laquelle ils ne ressentent qu'indifférence et mépris : « Cette incommunicabilité relative n'autorise certes pas à opprimer ou détruire les valeurs qu'on rejette ou leurs représentants, mais maintenue dans ces limites, elle n'a rien de révoltant. »
15. Philippe Simonnot, « Un anarchiste de droite. *L'Express* va plus loin avec Claude Lévi-Strauss », *L'Express*, 17 octobre 1986.
16. Emmanuel Terray, entretien avec l'auteur, 15 avril 2014.

LÉVI-STRAUSS, ENTRE MONTAIGNE ET ROUSSEAU

› **Robert Kopp**

Souvent, l'itinéraire de Claude Lévi-Strauss a été dessiné – très schématiquement – comme un cheminement qui l'aurait conduit de l'irénisme de Rousseau au scepticisme désenchanté de Montaigne. De Rousseau qui, un des premiers, voulait démêler ce qu'il y a d'originaire et ce qu'il y a d'artificiel dans la nature actuelle de l'homme, à Montaigne se livrant à une critique ravageuse de tout mode de connaissance rationnelle (1). Un itinéraire jalonné par les textes majeurs que sont « Un petit verre de rhum », trente-huitième chapitre de la neuvième partie de *Tristes Tropiques*, en 1955, « Jean-Jacques Rousseau, fondateur des sciences de l'homme », discours prononcé à Genève lors du 250e anniversaire de la naissance de Rousseau, en 1962, et repris dans *Anthropologie structurale deux*, en 1973, et « En relisant Montaigne », dix-huitième chapitre d'*Histoire de Lynx*, en 1991.

Qui ne connaît la fameuse apostrophe dans *Tristes Tropiques*? « Rousseau, notre maître, Rousseau, notre frère, envers qui nous avons montré tant d'ingratitude, mais à qui chaque page de ce livre aurait pu être dédiée si l'hommage n'eût pas été indigne de sa grande mémoire. (2) » Elle place le livre tout entier sous l'égide du citoyen de Genève. En effet, Rousseau, « le plus ethnographe des philosophes », a fourni à Lévi-Strauss un sujet et une méthode : l'étude de ce qu'est l'homme, dans le passé et dans le présent, et la détermination de ses invariants par comparaison de ses différences. C'est dans une longue note du *Discours sur l'origine et les fondements de l'inégalité* que Lévi-Strauss trouve formulé ce qui ressemble par avance au programme de l'ethnologue. S'étonnant que les innombrables voyageurs qui sillonnent le monde ne rapportent de leurs périples que des descriptions concernant la faune, la flore, le climat, Rousseau s'écrie :

Robert Kopp est professeur à l'université de Bâle. Derniers ouvrages publiés : *Un siècle de Goncourt* (Gallimard, 2012), *L'Œil de Baudelaire* (avec Jérôme Farigoule *et alii*, Paris-Musées, 2016).
› robert.kopp@unibas.ch

> « J'ai peine à concevoir comment dans un Siècle où l'on se pique de belles connoissances, il ne se trouve pas deux hommes bien unis, riches, l'un en argent, l'autre en génie, tous deux aimant la gloire et aspirant à l'immortalité, dont l'un sacrifie vingt mille écus de son bien et l'autre dix ans de sa vie à un célèbre voyage autour du monde ; pour y étudier, non toujours des pierres et des plantes, mais une fois les hommes et les mœurs, et qui, après tant de siècles employés à mesurer et considérer la maison, s'avisent enfin d'en vouloir connoître les habitants. »

Et d'ajouter :

> « Toute la terre est couverte de Nations dont nous ne connoissons que les noms, et nous nous mêlons de juger le genre humain ! Supposons un Montesquieu,

> un Buffon, un Diderot, un Duclos, un d'Alembert, un Condillac, ou des hommes de cette trempe, voyageant pour instruire leurs compatriotes, observant et décrivant comme ils savent faire, la Turquie, l'Égypte, la Barbarie, l'Empire du Maroc, la Guinée, le pays des Caffres, l'intérieur de l'Afrique et ses côtes Orientales, les Malabares, le Mogol, les rives du Gange, les royaumes de Siam, de Pegu et d'Ava, la Chine, la Tartarie, et surtout le Japon; puis dans l'autre hémisphère le Mexique, le Pérou, le Chili, les terres Magellaniques, sans oublier les Patagons vrais ou faux, le Tucuman, le Paraguai, s'il était possible le Brézil, enfin les Caraïbes, la Floride et toutes les contrées sauvages; voyage le plus important de tous et qu'il faudrait faire avec le plus de soin. Supposons que ces nouveaux Hercules, de retour de ces courses mémorables, fissent ensuite à loisir l'histoire naturelle, morale et politique de ce qu'ils auroient vu, nous verrions nous-mêmes sortir un monde nouveau de dessous leur plume, et nous apprendrions ainsi à connoître le nôtre. (3) »

Lévi-Strauss voit dans cette note l'esquisse du programme et des méthodes de l'ethnologie moderne. Car, « quand on veut étudier les hommes – dit encore Rousseau dans l'*Essai sur l'origine des langues* –, il faut regarder près de soi; mais pour étudier l'homme, il faut apprendre à porter sa vue au loin; il faut d'abord étudier les différences pour découvrir les propriétés ». Et Lévi-Strauss de pointer le double paradoxe qui est celui de Rousseau: préconisant l'étude des hommes les plus lointains, il n'a lui-même, toute sa vie, cessé de ne scruter qu'un seul homme, c'est-à-dire lui-même, et, dans toute son œuvre, la volonté d'identification à l'autre va de pair avec le refus de l'identification à soi. C'est précisément dans cette situation que se trouve l'ethnologue qu'est Lévi-Strauss: ce n'est qu'au prix d'un décentrement, en devenant un « il », qu'il peut comprendre l'autre comme un « je ». Mais ce décentrement n'est jamais complet: l'ethnologue est à la fois derrière la caméra et devant elle.

Rousseau, on le sait, refuse l'évidence du *cogito* de Descartes et Lévi-Strauss le suit sur ce point. Il lui paraît impossible de passer de l'intériorité d'un homme à l'extériorité du monde sans voir qu'entre les deux se placent des sociétés, des civilisations, des morales. Rousseau ne sépare pas l'âme du corps, ni le matériel du spirituel. Il ne sépare pas non plus radicalement l'homme de l'animal, sans pour autant postuler une continuité.

C'est sur ce dernier point que Montaigne est sans doute allé plus loin que Rousseau, et Lévi-Strauss le relève dans sa relecture de Montaigne dans *Histoire de Lynx*. Se focalisant sur l'« Apologie de Raimond Sebond », il en propose une lecture plus radicale que ne le font la plupart des spécialistes de Montaigne. Une lecture pyrrhonienne, en quelque sorte. Aucun auteur de la Renaissance n'a autant fustigé la présomption de l'homme, n'a osé dire qu'il y avait plus de différence entre un idiot et un homme intelligent qu'entre un idiot et un animal. Aucun autre auteur n'a été ébranlé autant que lui par les grandes découvertes, qui ont confronté l'humanité avec l'autre moitié d'elle-même. Et de regretter que ces découvertes n'aient pas été faites au temps de l'Antiquité, ce qui aurait permis une rencontre autrement fructueuse entre les grandes civilisations précolombiennes et les civilisations gréco-latines promues désormais comme modèle indépassable.

Non seulement Montaigne prône un relativisme culturel intégral, il met aussi en doute jusqu'à nos possibilités de connaissance. Plus notre savoir progresse, plus nous comprenons qu'il ne peut aboutir. Son scepticisme n'a pas de limites. D'ailleurs, « nous n'avons aucune communication à l'être ». Phrase que Lévi-Strauss aime à rappeler. Pourtant, « l'homme trouve des satisfactions sensibles à vivre comme si la vie avait un sens, bien que la sincérité intellectuelle assure qu'il n'en est rien (4) ». Il adoptera donc une sorte de morale provisoire qui peut prendre la forme d'un certain conservatisme.

À ces textes, essentiels, Emmanuel Désveaux vient d'en ajouter deux autres, restés inédits jusqu'il y a peu de temps, et qui apportent plus que de simples corrections à cet itinéraire présumé menant de Rousseau à Montaigne. Il s'agit de la transcription de deux conférences que Lévi-Strauss a tenues aux deux extrémités de sa carrière, en 1937 et en 1992, et dont la transcription a paru en 2016 (5). Ces textes montrent que Lévi-Strauss n'est pas passé de Rousseau à Montaigne, mais qu'il a constamment dialogué avec les deux, tout au long de sa carrière, et qu'il les a mis dans un rapport dialectique.

Nous sommes tous des cannibales

Après deux années d'enseignement de la philosophie au lycée de Mont-de-Marsan et à celui de Laon, en 1932 et 1933, Lévi-Strauss, jeune agrégé de philosophie et militant socialiste, se voit proposer un poste en sociologie à la toute nouvelle université de São Paulo, que la France soutient activement par des échanges d'enseignants. C'est ainsi qu'il se trouve être, dès mars 1935, le collègue de l'historien Fernand Braudel, du géographe Pierre Monbeig, du philosophe Jean Maugüé. Mais, comme il le raconte dans *Tristes Tropiques*, il bifurque très vite vers l'ethnographie, cette science encore en devenir en France, alors qu'elle est déjà largement établie dans les pays anglo-saxons et en Allemagne. L'été de la même année, il fait une première excursion dans la réserve des Indiens kaingang, au sud de Londrina, suivie, de novembre à mars de l'année suivante, d'une expédition chez les Indiens caduveo et bororo. De retour à Paris pour quelques semaines au début de 1937, Lévi-Strauss expose à la galerie Georges Wildenstein les objets rapportés des Indiens du Mato Grosso et fait plusieurs conférences au Muséum national d'histoire naturelle. Il en fait aussi une, le 29 janvier, au Centre confédéral d'éducation ouvrière – une émanation de la CGT –, destiné à la formation permanente des cadres syndicaux. Il choisit comme sujet « Une science révolutionnaire : l'éthographie ». Son but : montrer que, bien qu'en ayant provisoirement quitté la France pour se tourner vers d'autres horizons, il n'a pas pour autant renoncé à son engagement politique. La connaissance des autres va de pair avec la critique de notre propre société, comme le montrent Montaigne – déjà – parlant des sauvages de l'Amérique du Sud, ou les philosophes du XVIIIe siècle évoquant les Indiens de l'Amérique du

Nord. Même la Révolution russe aurait stimulé, « dans ses premières années », le développement des études ethnographiques. Et de souligner ce paradoxe qui fait de l'ethnographe un progressiste dans son pays et un conservateur sur le terrain, puisqu'il ne peut que souhaiter que soient préservées les sociétés qu'il étudie.

Quant à ces sociétés dites « primitives », Lévi-Strauss tient à souligner qu'elles ne le sont pas plus que nous, qu'elles n'obéissent aucunement à un schéma évolutif qui permettrait de croire qu'elles vont rattraper un quelconque retard : « Ce qui fait des sociétés primitives des sociétés à part, c'est que ce sont des sociétés plus simples que les nôtres, ce qui ne veut pas dire plus arriérées ou moins perfectionnées. (6) » L'idée de relativisme culturel est donc présente dès les tout premiers textes de Lévi-Strauss, ainsi que son opposition à l'évolutionnisme et sa conviction qu'il existe différents terrains culturels qui se diffusent diversement à travers l'espace.

Le second texte, « Retour à Montaigne », est la transcription d'une causerie donnée, selon toute vraisemblance, le 9 avril 1992, devant le Comité protestant d'éthique de la Faculté de médecine de Paris. Il s'agit d'une mise en perspective de trois essais de Montaigne, « Des cannibales » (7), consacré aux Indiens des plaines, « Des coches », consacré aux hautes cultures du Mexique et du Pérou, encadrant une réflexion de philosophie politique, « De la coutume et de ne changer aisément une loi reçue ». Une nouvelle fois, Lévi-Strauss met en avant certaines des intuitions de Montaigne, dont celle que l'âge de pierre a été un âge d'abondance. Ainsi que l'idée qu'il faille comprendre les sociétés comme des ensembles cohérents, dont il est difficile de changer un élément sans mettre en péril le tout. Ce qui ferait de lui un fonctionnaliste, voire un structuraliste en anthropologie. Mais, surtout, Lévi-Strauss revient sur les sources utilisées par Montaigne, André Thevet et ses *Singularités de la France antarctique* (1557), et Jean de Léry et son *Histoire d'un voyage faict en la terre du Brésil* (1578), le compilateur catholique, qui avait accompagné Villegagnon au Brésil, en 1555, et le protestant, envoyé par Calvin dans le cadre de la mission genevoise auprès de Villegagnon en proie à des doutes en matière de religion. Si Montaigne a pu consulter le texte de Thevet, il n'est pas absolument certain qu'il ait eu une connaissance directe de celui de Léry. Toutefois, Lévi-Strauss relève plusieurs indices concordants qui montrent que l'auteur des *Essais* semble se méfier des affabulations de Thevet et incline à faire davantage confiance à des informateurs dont il a pu vérifier la sincérité. Cette sincérité dont ne cesse de se réclamer Rousseau, l'autre Genevois. C'est à Léry que va également la préférence de Lévi-Strauss, qui le crédite d'avoir réussi à se mettre « dans la peau des Indiens » (8), donc de s'être comporté en véritable ethnographe. Aussi Léry figure-t-il parmi les initiateurs de Lévi-Strauss auxquels l'ethnographe rend déjà hommage dans *Tristes Tropiques*.

Comme le fait remarquer Emmanuel Désveaux, ce retour aux sources de Montaigne permet à Lévi-Strauss d'articuler deux formes différentes de l'altérité, « une altérité de curiosité, qui enrichit l'être que nous sommes, et l'altérité foncière, nécessaire à l'échange, qui, elle, résulte d'un renoncement et qui crée le lien social fondamental ». Montaigne illustre la première, Rousseau la seconde. Lévi-Strauss ne cesse d'aller de l'un à l'autre.

1. Ainsi par Emmanuel Désveaux, « Un itinéraire de Lévi-Strauss. De Rousseau à Montaigne », *Critique*, n° 540, mai 1992, repris dans Emmanuel Désveaux, *Au-delà du structuralisme. Six méditations sur Claude Lévi-Strauss*, Éditions Complexe, 2008. Mais c'est le même auteur qui, le premier, a apporté à sa thèse l'importante correction dont il sera question par la suite.
2. *Tristes Tropiques*, 9e partie, chapitre XXXVIII, in Claude Lévi-Strauss, *Œuvres*, coll. « Bibliothèque de la Pléiade », Gallimard, 2008, p. 418.
3. Jean-Jacques Rousseau, *Discours sur l'origine et les fondements de l'inégalité*, in *Œuvres complètes*, tome III, coll. « Bibliothèque de la Pléiade », Gallimard, 1964, pp. 213-214.
4. Claude Lévi-Strauss, *Histoire de Lynx*, chapitre XVIII, in *Œuvres*, *op. cit.*, p. 1451.
5. Claude Lévi-Strauss, *De Montaigne à Montaigne*, édition établie et présentée par Emmanuel Désveaux, Éditions EHESS, 2016.
6. *Idem*, p. 43.
7. Dans *Nous sommes tous des cannibales* (version française au Seuil, en 2013), dernier recueil d'articles de Claude Lévi-Strauss donnés à l'origine à *La Repubblica*, l'ethnologue dit une nouvelle fois le rôle fondateur qu'a joué le célèbre essai de Montaigne.
8. Voir l'entretien de Claude Lévi-Strauss avec Dominique-Antoine Grisoni, « Sur Jean de Léry », dans la réédition de l'*Histoire d'un voyage faict en la terre du Brésil* par Frank Lestringant, Le Livre de Poche, 1994.

GRANDEURS ET LIMITES D'UN HUMANISME

› **Paul-François Paoli**

Claude Lévi-Strauss a toujours détesté la polémique, mais il n'a cessé de la susciter, la plupart du temps à son insu. Sans doute parce qu'en France, pays verrouillé par toutes sortes de tabous et d'interdits, tout débat prend tôt ou tard des allures polémiques et violentes, mais pas seulement. Lévi-Strauss, comme souvent les grands savants, refusait les pétitions et les engagements marqués. Profondément sceptique, ce disciple de Montaigne se méfiait des idéologies. Engagé à gauche durant sa jeunesse, il a, comme l'on sait, dynamité avec ce coup de canon que fut *Tristes Tropiques* en 1955 une certaine bonne conscience de l'Occident confronté aux peuples « sauvages » ou colonisés. En montrant qu'il n'existait pas de peuple sans culture et en démontrant que la pensée mythique, notamment celle des peuples amérindiens, obéissait aussi à une logique qui n'avait rien à envier à notre rationalité, il donnait, sans forcément le vouloir, du grain à moudre à tous ceux qui, à partir de la décolonisation, ont enfourché le cheval de bataille de l'anti-occidentalisme. Le texte « Race et histoire », dans lequel il soutenait que cette catégorie de race n'était pas valide scientifiquement et que la notion de culture ne pouvait en dépendre, fut du pain bénit pour les idéologues de la culpabilité européenne, qui appellent en toutes circonstances les Occidentaux à battre leur coulpe pour tous les fléaux de la terre, depuis l'esclavage antique à la colonisation en passant par le racisme, qui serait consubstantiel à notre civilisation, comme on le voit depuis quelques années avec les prétendus « intellectuels décoloniaux ». *Le Sanglot de l'homme blanc,* si bien décrit par Pascal Bruckner en 1983, avait trouvé en l'œuvre de Claude Lévi-Strauss une sorte de source lacrymale où s'abreuver *ad aeternam.*

Mais, à partir des années soixante-dix, le penseur mondialement renommé et nationalement consacré par le Collège de France, où il enseigne depuis 1959, et l'Académie française, où il entre en 1973 – occupant le siège du peu progressiste Montherlant, dont il fera le dithyrambe –, se met à échapper à ses thuriféraires. Voilà que Lévi-Strauss, qui avait été avec Lacan le chef de file (un mot qu'il aurait détesté) du structuralisme mais avait aussi été très marqué par le surréalisme et la proximité d'André Breton, se mit à formuler des pensées ou à tenir des propos qui n'allaient pas dans le bon sens de l'histoire indiqué par la *doxa* progressiste, stipulant que non seulement toutes les cultures sont d'une égale dignité mais que la nôtre est marquée par une indignité particulière qui consiste à s'être crue supérieure.

Paul-François Paoli est écrivain, chroniqueur et journaliste. Dernier ouvrage publié : *France-Corse. Je t'aime moi non plus* (L'Observatoire, 2021).

Passe encore que Lévi-Strauss, bien qu'anarchiste de tempérament, n'ait guère apprécié Mai 68, lui qui, gaulliste de la première heure, adhéra aux Forces françaises libres à New York durant la guerre. Mais voilà qu'en 1971, à travers sa conférence de l'Unesco intitulée « Race et culture », Lévi-Strauss exprime une certaine inquiétude devant ce que l'on n'appelait pas encore la mondialisation et cette tendance à l'homogénéisation des modes de vie qui appauvrit la diversité des peuples. Voici le hic : sa démarche d'anthropologue était bienvenue quand il morigénait la tendance de la vieille Europe des Lumières à se croire le centre du monde, elle devenait suspecte lorsqu'il émettait des réserves sur cette hybridation culturelle qui est une sorte de sésame pour ceux qui croient qu'il suffit de mélanger les peuples pour obtenir un résultat harmonieux.

> « Mais le fond de l'affaire, précise Emmanuelle Loyer dans la monumentale biographie qu'elle lui a consacrée en 2015 (1), réside dans les dernières pages. L'anthropologue s'y inscrit en faux contre quelques croyances bien établies dans l'enceinte de l'Unesco : l'idée que la diffusion des savoirs, le développement des échanges entre les hommes les aident à se comprendre et à communiquer. Il conclut, au contraire, que la croissance des communications due à la croissance démographique ne peut qu'aboutir à l'effacement de la diversité culturelle ou à des métissages frauduleux. Plus choquant encore, il exonère l'hostilité envers les autres de toute connotation raciste et la considère comme "un droit de chaque culture à rester sourde aux valeurs de l'Autre, voire à les contester". »

Et Emmanuelle Loyer de conclure :

> « Attaché aux "vieux particularismes", l'ethnologue voit dans cette incommunication relative le prix à payer pour la survie d'un *optimum* de diversité. »

Cet amoureux de la civilisation japonaise allait jusqu'à justifier le refus de l'immigration de ce pays au nom de la préservation de son mode de vie. Il aggravait son cas en tenant des propos peu amènes sur l'islam qui prolongeaient ce qu'il avait déjà pu écrire dans *Tristes Tropiques* sur une civilisation qui « ignore l'altérité ».

> « J'ai commencé à réfléchir à un moment où notre culture agressait d'autres cultures dont je me suis alors fait le défenseur et le témoin. Maintenant, j'ai l'impression que le mouvement s'est inversé et que notre culture est sur la défensive vis-à-vis des menaces extérieures, parmi lesquelles figure probablement l'explosion islamique. Du coup, je me sens fermement et ethnologiquement défenseur de ma culture. (2) »

Claude Lévi-Strauss, qui refusera en 1983 de condamner les électeurs du Front national à Dreux au moment où ce parti faisait irruption dans le paysage national, avait-il changé ? Était-il devenu « réac » ? Ou plutôt un de ces « antimodernes » inclassables qu'Emmanuelle Loyer définit comme un « non-conformiste traditionaliste et anticonservateur ». Lui-même ne s'était-il pas défini comme un « vieil anarchiste de droite... fidèle à Marx » lors d'un entretien donné à *L'Express* en 1986 (3) ? Voilà de quoi dérouter les instituteurs de la pensée, toujours prompts à enfermer les gens dans leurs schémas binaires : réacs contre progressistes, humanistes contre salops, universalistes contre méchants identitaires, etc., comme si l'histoire obéissait aux lois d'un manichéisme sommaire.

Lévi-Strauss n'a jamais cru au progrès dans sa version optimiste, linéaire et cumulative

L'indifférence de Lévi-Strauss au monothéisme judéo-chrétien, qui tend à faire de l'homme le sujet de l'histoire sous le regard d'un Dieu unique – indifférence dont Levinas lui fera grief –, et sa prédilection pour le bouddhisme et le shintoïsme, conceptions où l'homme ne s'arroge pas le droit à la toute-puissance sur la nature, sont sûrement au fondement de sa méfiance envers une certaine prétention de l'Occident à figurer l'alpha et l'oméga du devenir de l'humanité. En mai 1976, lors d'une conférence tenue devant la Commission spéciale de l'Assemblée nationale chargée d'examiner des propositions de loi sur les libertés où Edgar Faure l'avait invité, il déclarait :

> « Si l'homme possède d'abord des droits au titre d'être vivant, il en résulte immédiatement que ces droits reconnus à l'humanité en tant qu'espèce rencontrent des limites naturelles dans les droits des autres espèces. Les droits de l'humanité cessent donc au moment précis où leur exercice met en péril l'existence d'une autre espèce. »

Son souci d'une relation plus harmonieuse avec la nature aura anticipé la sensibilité écologique actuelle. Lévi-Strauss n'aurait sûrement pas adhéré aux lubies des écologistes idéologues, mais sa hantise du pillage des ressources naturelles est lisible dans toutes ses déclarations.

Lévi-Strauss n'a jamais cru au progrès dans sa version optimiste, linéaire et cumulative. Pour cet antihégélien, qui n'adhérait pas au sens de l'histoire, la mondialisation et les flux migratoires qu'elle entraîne ne seront jamais une panacée ! Ainsi s'explique qu'il ait pu accorder un certain crédit à la notion empirique de « seuil de tolérance » concernant l'immigration. Ici va se greffer une légende qui, aujourd'hui encore, a la vie dure : celle d'une rencontre avec François Mitterrand qui l'aurait consulté à ce sujet et dont rien ne prouve qu'elle ait eu lieu (4). La rumeur est en partie fondée sur le fait qu'en effet le savant a accompagné Mitterrand au Brésil en 1985 et que celui-ci fera référence à l'anthropologue dans son discours d'accueil. Le fait est qu'après avoir déclaré que les « immigrés étaient chez eux chez nous » ce dernier évoquera, lors de son second septennat, cette notion de « seuil de tolérance », et certains y virent l'influence de Lévi-Strauss.

Il est bien sûr impossible de supputer ce que dirait celui-ci de notre situation actuelle. À propos du voile islamique qui fait son apparition en France en 1989 à Creil, il évoquera « l'indélicatesse » et « l'impolitesse » de celles qui le portaient. Consulté par des associations qui le solliciteront pour donner son avis concernant le débat sur l'excision en France, il défendra le droit des femmes africaines de justifier ce genre de pratique, qu'il comparera à la circoncision, dans leur propre pays, mais aussi notre devoir de la prohiber chez nous au nom de l'incompatibilité de cette « tradition » avec nos propres traditions culturelles. Pour autant, il ne qualifiera jamais ni la polygamie ni l'excision de « barbares », ce que d'aucuns pourront lui reprocher. Mettant les points sur les *i,* il précisera sa pensée dans *Nous sommes tous des cannibales* :

> « Il n'existe pas d'aune commune à quoi l'on puisse juger les systèmes de croyance et moins encore condamner tel

> ou tel, sauf à prétendre, mais sur quelles bases, qu'un seul d'entre eux (bien entendu le nôtre) est porteur de valeurs universelles et doit s'imposer à tous. (5) »

Sans cesser d'être humaniste, Lévi-Strauss affirmait un relativisme raisonnable et le droit d'une civilisation à croire en sa supériorité culturelle, dès lors que cette croyance n'entraîne pas la sujétion des autres peuples. Au philosophe Didier Éribon, qui le questionnait sur le caractère universel ou non de la démocratie occidentale dans *De près et de loin* en 1988, il répondra ceci, qui peut paraître sibyllin :

> « En se plaçant dans la perspective de la civilisation occidentale, la démocratie est l'assiette la plus confortable et sans doute même la seule *[...]* mais il suffit de changer d'échelle pour que les notions de base se brouillent, elles perdent leur consistance ou acquièrent un contenu qui peut différer du tout au tout de celui qu'elles ont dans notre propre tradition. (6) »

Ici se situe peut-être le point aveugle, ou si l'on veut indécidable, de ce relativisme culturel qu'a fortement critiqué Alain Finkielkraut dans *La Défaite de la pensée* (7) en 1987. Finkielkraut voyait en Lévi-Strauss « un penseur romantique et désespéré dont la vocation même est née d'un sentiment d'épouvante devant l'uniformisation du monde moderne ». Très juste intuition selon nous d'un homme déchiré et peut-être nostalgique d'une unité perdue entre l'homme et la nature.

Peut-on être romantique et sceptique ? Humaniste et relativiste ? Indifférent à toute transcendance et cependant très sensible à la souffrance humaine ? Il semble bien que oui. Étonnant Claude Lévi-Strauss qui est resté jusqu'au bout un disciple de Montaigne, voire de Pyrrhon, sans cesser d'admirer Rousseau et Chateaubriand, Marx, Freud, Proust ou Wagner. Que dirait-il aujourd'hui de l'état calamiteux de notre planète à l'heure où les Talibans installent à Kaboul un régime qui fait des femmes des mineures sous contrôle, et ce dans le silence assourdissant de ces « féministes » qui, depuis tant d'années, traquent en Occident les fantômes du patriarcat ? Nul ne le sait. Sans doute serait-il horrifié par le sort que les Talibans réservent aux Afghanes, mais il ne se serait sûrement pas octroyé le droit d'expliquer aux Afghans ce qu'ils devaient accroire et comment ils devaient vivre et penser.

1. Emmanuelle Loyer, *Lévi-Strauss*, Flammarion, 2015, prix Fémina essai 2015.
2. Entretien au *Magazine littéraire*, n° 223, octobre 1985.
3. Philippe Simonnot, « Un anarchiste de droite. *L'Express* va plus loin avec Claude Lévi-Strauss », *L'Express*, 17 octobre 1986.
4. C'est au cours d'une conférence de presse le 10 décembre 1989 que, face à plusieurs journalistes dont Christine Ockrent, François Mitterrand évoquera cette notion de seuil de tolérance, qui aurait été atteint, selon lui, dès les années soixante-dix. Il fut très critiqué dans son propre camp, et une rumeur invérifiable suggérera que cette déclaration faisait suite à une conversation avec Claude Lévi-Strauss. Mais il semble bien que celle-ci n'ait jamais eu lieu. Toutefois, quelques années plus tard, en 2011, soit près de deux ans après la mort de Claude Lévi-Strauss, Hubert Védrine soutiendra que Jean Daniel avait eu avec l'anthropologue une discussion à ce sujet, dans laquelle celui-ci lui avait fait part de son regret que Mitterrand n'ait pas assumé plus franchement cette notion.
5. Claude Lévi-Strauss, *Nous sommes tous des cannibales*, Seuil, 2013.
6. Didier Éribon, *De près et de loin*, Odile Jacob, 1988.
7. Alain Finkielkraut, *La Défaite de la pensée*, Gallimard, 1987.

CLAUDE LÉVI-STRAUSS
MORCEAUX CHOISIS

Anthropologie

« À agir chez soi, on se prive de comprendre le reste, mais à vouloir tout comprendre on renonce à rien changer. »

Tristes Tropiques, 1955

« Et voici devant moi le cercle infranchissable : moins les cultures humaines étaient en mesure de communiquer entre elles et donc de se corrompre par leur contact, moins aussi leurs émissaires respectifs étaient capables de percevoir la richesse et la signification de cette diversité. En fin de compte, je suis prisonnier d'une alternative : tantôt voyageur ancien, confronté à un prodigieux spectacle dont tout ou presque lui échappait *[...]* tantôt voyageur moderne, courant après les vestiges d'une réalité disparue *[...]* Tout ce que j'aperçois me blesse et je me reproche sans cesse de ne pas regarder assez. »

Tristes Tropiques, 1955

« L'anthropologie est une discipline dont le but premier, sinon le seul, est d'analyser et d'interpréter les différences. »

Anthropologie structurale, 1958

« Le but dernier des sciences humaines n'est pas de constituer l'homme mais de le dissoudre. »

La Pensée sauvage, 1962

« Le savant n'est pas l'homme qui fournit les vraies réponses, c'est celui qui pose les vraies questions. »

Mythologiques I, Le Cru et le Cuit, 1964

« La dette de l'ethnologue envers Rousseau se trouve accrue du fait que, non content d'avoir, avec une précision extrême, situé une science encore à naître dans le tableau des sciences humaines, il a *[...]* ménagé à l'ethnologue le réconfort fraternel d'une image en laquelle il se reconnaît et qui l'aide à mieux se comprendre, non comme une pure intelligence contemplatrice, mais comme l'agent involontaire d'une transformation qui s'opère à travers lui, et qu'en Jean-Jacques Rousseau, l'humanité entière apprend à ressentir. »

« Jean-Jacques Rousseau, fondateur des sciences de l'homme », *Anthropologie structurale deux*, 1973

« Pas plus que les mythes, les masques ne peuvent s'interpréter en eux-mêmes, comme des objets séparés. Envisagé au point de vue sémantique, un mythe n'acquiert un sens qu'une fois replacé dans le groupe de ses transformations ; de même, un type de masque, considéré du seul point de vue plastique, réplique à d'autres types dont il transforme le galbe et les couleurs en assumant son individualité. »

La Voie des masques, 1975

Relativisme culturel

« Le barbare, c'est d'abord l'homme qui croit à la barbarie. »

« Race et histoire », 1952

« L'humanité en progrès ne ressemble guère à un personnage gravissant un escalier, ajoutant par chacun de ses mouvements une marche nouvelle à toutes celles dont la conquête lui est acquise ; elle évoque plutôt le joueur dont la chance est répartie sur plusieurs dés et qui, chaque fois qu'il les jette, les voit s'éparpiller sur le tapis, amenant autant de comptes différents. »

« Race et histoire », 1952

« Chaque fois que nous sommes portés à qualifier une culture humaine d'inerte ou de stationnaire, nous devons *[...]* nous demander si cet immobilisme apparent ne résulte pas de l'ignorance où nous sommes de ses intérêts véritables, conscients ou inconscients, et si, ayant des critères différents des nôtres, cette culture n'est pas, à notre égard, victime de la même illusion. »

« Race et histoire », 1952

« L'exclusive fatalité, l'unique tare qui puisse affliger un groupe humain et l'empêcher de réaliser pleinement sa nature, c'est d'être seul. »

« Race et histoire », 1952

« Le péché originel de l'anthropologie consiste dans la confusion entre la notion purement biologique de race *[...]* et les productions sociologiques et psychologiques des cultures humaines. »

« Race et histoire », 1952

« Le moi n'est pas seulement haïssable : il n'a pas de place entre un nous et un rien. »

Tristes Tropiques, 1955

« Une civilisation qui s'attache à développer ses valeurs propres paraît n'en posséder aucune pour un observateur formé par la sienne à reconnaître des valeurs toutes différentes. »

« Race et culture », 1971

« Il ne faut pas confondre deux sens du mot "culture". Dans son acception générale, "culture" désigne l'enrichissement éclairé du jugement et du goût. Dans le langage technique des anthropologues, c'est autre chose ; selon la définition classique de Tylor que je peux réciter tant elle est pour nous essentielle, "les connaissances, les croyances, l'art, la morale, le droit, les coutumes et toutes autres aptitudes ou habitudes acquises par l'homme en tant que membre de la société". Dans la culture prise au second sens, tout est objet d'étude : les productions qu'au premier sens du terme on jugera les plus basses comme les plus nobles. Le relativisme culturel se contente d'affirmer qu'une culture ne dispose d'aucun critère absolu l'autorisant à appliquer cette distinction aux productions d'une autre culture. En revanche, chaque culture le peut et le doit s'agissant d'elle-même, car ses membres sont à la fois des observateurs et des agents. »

De près et de loin. Entretiens avec Didier Éribon, 1988

« Toute société apparaît sauvage ou barbare quand on juge ses coutumes au critère de la raison ; mais, jugée au même critère, nulle société ne devrait apparaître sauvage ou barbare, puisque à toute coutume replacée dans son contexte un discours bien conduit pourra trouver un fondement. Une perspective ouvre sur la philosophie des Lumières, c'est-à-dire sur l'utopie d'une société qui aurait enfin une assise rationnelle. L'autre perspective débouche sur le relativisme culturel et le rejet de tout critère absolu dont une culture pourrait s'autoriser pour en juger une autre. Montaigne navigue en ces deux écueils en suivant les avis de la raison pratique, sinon spéculative : puisque toutes les coutumes se valent, que ce soit en bien ou en mal, la sagesse conseille de se conformer à celles de la société où nous sommes nés et où nous continuons à vivre. »

Histoire de Lynx, 1991

Critique de l'ethnocentrisme

« Les grandes déclarations des droits de l'homme ont, elles aussi, cette force et cette faiblesse d'énoncer un idéal trop souvent oublieux du fait que l'homme ne réalise pas sa nature dans une humanité abstraite, mais dans des cultures traditionnelles. »

« Race et histoire », 1952

« *[L']*adhésion au genre de vie occidental, ou à certains de ses aspects, est loin d'être aussi spontanée que les Occidentaux aimeraient le croire. Elle résulte moins d'une décision libre que d'une absence de choix. »

« Race et histoire », 1952

« La reconnaissance du fait que le progrès technique ait eu, pour corrélatif historique, le développement de l'exploitation de l'homme par l'homme peut nous inciter à une certaine discrétion dans les manifestations d'orgueil que nous inspire si volontiers le premier nommé de ces phénomènes. »

« Race et histoire », 1952

Diversité culturelle

« Il y a simultanément à l'œuvre, dans les sociétés humaines, des forces travaillant dans des directions opposées : les unes tendant au maintien et même à l'accentuation des particularismes ; les autres agissant dans le sens de la convergence et de l'affinité. »

« Race et histoire », 1952

« On en vient à se demander si les sociétés humaines ne se définissent pas, eu égard à leurs relations mutuelles, par un certain *optimum* de diversité au-delà duquel elles ne sauraient aller, mais en dessous duquel elles ne peuvent, non plus, descendre sans danger. »

« Race et histoire », 1952

« La véritable contribution des cultures ne consiste pas dans la liste de leurs inventions particulières, mais dans l'écart différentiel qu'elles offrent entre elles. Le sentiment de gratitude et d'humilité que chaque membre d'une culture donnée peut et doit éprouver envers toutes les autres ne saurait se fonder que sur une seule conviction : c'est que les autres cultures sont différentes de la sienne. »

« Race et histoire », 1952

« La civilisation mondiale ne saurait être autre chose que la coalition, à l'échelle mondiale, de cultures préservant chacune son originalité. »

« Race et histoire », 1952

« La lutte contre toutes les formes de discrimination participe de ce même mouvement qui entraîne l'humanité vers une civilisation mondiale, destructrice de ces vieux particularismes auxquels revient l'honneur d'avoir créé les valeurs esthétiques et spirituelles qui donnent son prix à la vie, et que nous recueillons précieusement dans les bibliothèques et dans les musées parce que nous nous sentons de moins en moins capables de les produire. Sans doute nous berçons-nous du rêve que l'égalité et la fraternité régneront un jour entre les hommes, sans que soit compromise leur diversité. Mais si l'humanité ne se résigne pas à devenir la consommatrice stérile des seules valeurs qu'elle a su créer dans le passé, capable seulement de donner le jour à des ouvrages bâtards, à des inventions grossières et puériles, elle devra réapprendre que toute création véritable implique une certaine surdité à l'appel à d'autres valeurs, pouvant aller jusqu'à leur refus, sinon même leur négation. Car on ne peut pas à la fois se fondre dans la jouissance de l'autre, s'identifier à lui, et se maintenir différent. Pleinement réussie, la communication intégrale avec l'autre condamne, à plus ou moins brève échéance, l'originalité de sa et de ma création. »

« Race et culture », 1971

« Il n'est nullement coupable de placer une manière de vivre et de penser au-dessus de toutes les autres, et d'éprouver peu d'attirance envers tels ou tels dont le genre de vie, respectable en lui-même, s'éloigne par trop de celui auquel on est traditionnellement attaché… Si, comme je l'écrivais dans “Race et histoire”, il existe entre les sociétés humaines un certain *optimum* de diversité au-delà duquel elles ne sauraient aller, mais en dessous duquel elles ne peuvent pas non plus descendre sans danger, on doit reconnaître que cette diversité résulte pour une grande part du désir de chaque culture de s'opposer à celles qui l'environnent, de se distinguer d'elles, en un mot d'être soi ; elles ne s'ignorent pas, s'empruntent à l'occasion, mais pour ne pas périr, il faut que, sous d'autres rapports, persiste entre elles une certaine imperméabilité. »

« Race et culture », 1971

« Loin d'être des primitifs, les Indiens tels qu'on les connaît depuis qu'on a commencé à les étudier au dernier siècle survivent comme les débris de ces civilisations *[…]* En ceux qui, parmi ces Indiens, nous apparaissent les plus démunis, il faut donc voir non les témoins de genres de vie archaïques miraculeusement préservés pendant des millénaires, mais les derniers réchappés de ce cataclysme que furent pour leurs ancêtres la découverte et les envahissements qui suivirent. L'admirable est qu'avec un effectif réduit au vingtième, au cinquantième ou au centième, ces Indiens aient su recréer des sociétés viables, et même pourrait-on dire, réinventer l'état de société. Car, bien que fragiles, leurs sociétés étaient en équilibre. »

Saudades do Brasil, 1994

« J'ai commencé à réfléchir à un moment où notre culture agressait d'autres cultures dont je me suis alors fait le défenseur et le témoin. Maintenant, j'ai l'impression que le mouvement s'est inversé et que notre culture est sur la défensive vis-à-vis des menaces extérieures, parmi lesquelles figure probablement l'explosion islamique. Du coup je me sens fermement et ethnologiquement défenseur de ma culture. »

Propos recueillis par Dominique-Antoine Grisoni,
« Un dictionnaire intime », *Magazine littéraire*, 2003

« *[...]* Appauvrissement accéléré des diversités culturelles dû à cette conjonction redoutable de phénomènes qu'on appelle mondialisation. Occurrence sans équivalent dans l'histoire de l'humanité, cette mondialisation résulte en grande partie de l'explosion démographique qui, en moins d'un siècle, a quadruplé l'effectif de notrc planète, et où nous devrions voir la vraie catastrophe. »

Discours prononcé à l'Unesco, 2005

Art

« L'art constitue au plus haut point cette prise de possession de la nature par la culture, qui est le type même des phénomènes qu'étudient les ethnologues. »

Entretiens avec Claude Lévi-Strauss, Georges Charbonnier, 1961

« Il apparaît certain que j'ai tenté d'édifier avec des sens un ouvrage comparable à ceux que crée la musique avec des sons: négatif d'une symphonie dont, un jour, quelque compositeur pourra être légitimement tenté de tirer l'image positive. *[…]* La mythologie et la musique ont ceci en commun qu'elles convient l'auditeur à une union concrète avec toutefois cette différence qu'au lieu d'un schème codé en sons, le mythe lui propose un schème codé en images. Dans les deux cas pourtant, c'est l'auditeur qui investit une ou plusieurs significations virtuelles dans le schème de sorte que l'unité réelle du mythe et de l'œuvre musicale ne se produit qu'à deux, dans et par une sorte de célébration. »

Mythologiques IV, L'Homme nu, 1971

« La musique est le "suprême mystère des sciences humaines". »

Mythologiques IV, L'Homme nu, 1971

« L'âme est invitée par la musique à se reconnaître dans le corps. »

Mythologiques IV, L'Homme nu, 1971

Nature/Culture

« La prohibition de l'inceste n'est ni purement d'origine culturelle, ni purement d'origine naturelle; et elle n'est pas, non plus, un dosage d'éléments composites empruntés partiellement à la nature et partiellement à la culture. Elle constitue la démarche fondamentale grâce à laquelle, par laquelle, mais surtout en laquelle, s'accomplit le passage de la nature à la culture. En un sens, elle appartient à la nature, car elle est une condition générale de la culture, et par conséquent il ne faut pas s'étonner de la voir tenir de la nature son caractère formel, c'est-à-dire l'universalité. Mais en un sens aussi, elle est déjà la culture, agissant et imposant sa règle au sein de phénomènes qui ne dépendent point, d'abord, d'elle. »

Les Structures élémentaires de la parenté, 1949

[La fascination pour le totémisme s'explique en ce qu'il permet une] « projection hors de notre univers, et comme par un exorcisme, d'attitudes mentales incompatibles avec l'exigence d'une discontinuité entre l'homme et la nature, que la pensée chrétienne tenait pour essentielle. »

Le Totémisme aujourd'hui, 1962

« Il incombe à l'homme de vivre et de lutter, penser et croire, garder surtout courage, sans que jamais le quitte la certitude adverse qu'il n'était pas présent autrefois sur cette terre et qu'il ne le sera pas toujours. »

Mythologiques IV, L'Homme nu, 1971

« C'est une des rares occasions qui nous restent de vivre la vie du Néolithique. Quand on cherche des champignons, on est un peu comme un sauvage *[...]* Au Néolithique il y avait de la place entre l'homme et les forces naturelles pour un ensemble de "coussins amortisseurs" (tels que les mythes) ; comme l'homme ignorait beaucoup de choses, il avait la faculté de rêver. »

Entretien avec Jean-Claude Bringuier, 1974

« Peut-on concevoir un fondement des libertés dont l'évidence soit assez forte pour qu'elle s'impose indistinctement à tous ? On n'en aperçoit qu'un seul, mais il implique qu'à la définition de l'homme comme être moral on substitue – puisque c'est son caractère le plus manifeste – celle de l'homme comme être vivant.

Or si l'homme possède d'abord des droits au titre d'être vivant, il en résulte immédiatement que ces droits reconnus à l'humanité en tant qu'espèce rencontrent leurs limites naturelles dans les droits des autres espèces. Les droits de l'humanité cessent donc au moment précis où leur exercice met en péril l'existence d'une autre espèce.

Il ne s'agit pas d'ignorer que, comme tout animal, l'homme tire sa subsistance d'êtres vivants. Mais cette nécessité naturelle, légitime tant qu'elle s'exerce aux dépens d'individus, ne saurait aller jusqu'à éteindre l'espèce dont ils relèvent. Le droit à la vie et au libre développement des espèces vivantes encore représentées sur la Terre peut seul être dit imprescriptible pour la raison très simple que la disparition d'une espèce quelconque creuse un vide, irréparable à notre échelle, dans le système de la création. »

Le Regard éloigné, 1983

PHILIPPE DESCOLA

« PROTÉGER LA DIVERSITÉ SOUS TOUTES SES FORMES »

› propos recueillis par **Hortense Guégan**

Élève et héritier de Claude Lévi-Strauss, Philippe Descola est l'auteur de *Par-delà nature et culture*. Dans ce classique de l'anthropologie publié en 2005, le professeur au Collège de France avance la thèse que les collectifs humains peuvent être répartis, d'un point de vue méthodologique, entre différentes grandes manières de considérer les êtres appelées « ontologies ».
À rebours de l'idée d'un monde unique, absolu, dont chacun aurait sa propre perception, Philippe Descola affirme que nous produisons notre réalité, notre monde, en tissant certains liens entre les êtres et les phénomènes, des liens de continuité ou de discontinuité, et que tous ne tissent pas les mêmes.
Quatre grandes ontologies émergent de son étude : le naturalisme, l'ontologie occidentale, qui identifie une nature physique universelle dans laquelle les humains sont seuls dotés d'une conscience ; l'animisme, qui considère que tous les êtres vivants possèdent une intériorité semblable ; le totémisme, dans lequel les humains et les non-humains disposent d'une physicalité et d'une intériorité similaires au sein d'un même clan ; et l'analogisme, où chaque être est doté de sa propre physicalité et de sa propre intériorité.
Son dernier ouvrage, *Les Formes du visible*, s'inscrit dans la continuité de ce travail en montrant comment les images, aussi bien par ce qu'elles dépeignent que par leurs formes et leur agentivité, expriment une de ces quatre ontologies, l'actualisent et en annoncent les transformations.

« Revue des Deux Mondes – Vos travaux vous ont conduit à remettre en question l'universalité du concept de nature, à poser l'existence de quatre grandes ontologies, quatre manières de composer le monde. Ce faisant, vous remettez en question un des aspects centraux de la pensée de Claude Lévi-Strauss, le dualisme nature/culture. Comment vous positionnez-vous par rapport à sa pensée ?

Philippe Descola Dans le *Cahier de l'Herne* consacré à Claude Lévi-Strauss, j'ai publié un article (« Les deux natures de Lévi-Strauss ») où je montre que Lévi-Strauss utilise le concept de nature de façon extrêmement diversifiée. Par exemple, au début des *Structures élémentaires de la parenté*, il développe un argumentaire pour montrer que la prohibition de l'inceste est le point de départ de la vie sociale, car elle participe de la nature par son universalité et de la culture par les différentes manifestations du contenu de cet interdit (les parents défendus diffèrent selon les cultures). Ce passage de la nature à la culture constitue les soubassements philosophiques des *Structures élémentaires de la parenté*, que la plupart des philosophes qui se sont intéressés à Lévi-Strauss ont pris au pied de la lettre. Ils ont reconnu en lui le philosophe qu'il a été.

Mais, si on lit attentivement cet ouvrage, on s'aperçoit qu'en réalité cette opposition ne tient pas, car, d'une part, il s'en sert assez peu dans ses analyses des systèmes de mariage et que, d'autre part, il met en œuvre une méthode, celle de l'anthropologie structurale, qui consiste à distinguer des formes d'échanges de femmes en s'appuyant sur des universaux « naturels », notamment l'instinct sexuel et la capacité cognitive des humains à opérer des oppositions contrastives. Dans d'autres œuvres, en particulier dans *Mythologiques*, mais également dans *La Pensée sauvage*, il s'intéresse à la façon dont la pensée sensible, l'observation de la forme et des comportements des animaux et des plantes, constitue autant d'outils conceptuels pour penser la diversité du réel. De là, il cherche à classer les éléments des mythes dont les populations étudiées se servent,

Philippe Descola est anthropologue. Dernier ouvrage publié : *Les Formes du visible* (Seuil, 2021).

les mythèmes, selon qu'ils ressortent de la nature ou de la culture. Il a, en effet, un usage méthodologique de cette opposition et tend à enfermer ces qualités sensibles à l'intérieur de champs sémantiques qui sont essentiellement définis par cette opposition entre nature et culture. Lévi-Strauss a donc un usage souple de cette opposition et est tout sauf un dualiste.

Personnellement, j'estime poursuivre sa démarche structuraliste, qui peut être définie comme l'analyse des différences, plutôt que des ressemblances, au sein de la vie sociale et de la façon dont ces différences forment système. L'anthropologie cognitive, elle, cherche des fondements universels. Ce qui m'intéresse, comme Lévi-Strauss et les structuralistes, c'est de prendre en considération le fait qu'il y ait des différences et que ces différences soient organisées à l'échelle mondiale. De ce point de vue-là, j'espère être fidèle à la pensée de Lévi-Strauss et à l'idée, qui me paraît fondamentale, qu'aucun phénomène n'a de sens pris indépendamment mais seulement s'il est mis en juxtaposition, en relation avec d'autres, en général du même champ, car c'est ce contraste qui donne un sens.

Revue des Deux Mondes – L'idée n'est-elle pas de faire émerger des universaux ?

Philippe Descola Il y a toujours des points communs quand on fait de la comparaison mais à l'intérieur de systèmes de différences. Au sein des quatre modèles ontologiques que j'ai développés dans *Par-delà nature et culture*, les phénomènes qu'ils organisent sont contrastés autour de l'opposition intériorité/extériorité, mais, à l'intérieur de chaque groupe, les ressemblances que présentent les traits de la vie sociale sont mises à profit pour assigner telle ou telle culture plutôt à tel modèle qu'à tel autre. On joue toujours sur l'opposition ressemblances/différences. Mais ce qui est premier pour moi, dans une démarche structuraliste, ce sont les différences.

Revue des Deux Mondes – Si la nature n'est pas universelle, sur quel socle commun les relations humaines peuvent-elles se tisser ?

Philippe Descola C'est plus compliqué que ça. J'ai essayé de montrer que le champ conceptuel que recouvre la nature, en Europe, depuis les XVIIe et XVIIIe siècles, n'est pas universel. Cela ne signifie pas qu'il n'y a pas de point commun dans la façon dont les humains organisent leurs vies collectives et dans les types de liens qu'ils nouent avec les non-humains. Mais, au lieu de concevoir les choses en termes de concepts englobants, il vaut mieux examiner les formes de continuités et de discontinuités que les humains perçoivent entre eux-mêmes et avec les non-humains. Ces formes varient à l'intérieur d'un groupe de transformation. Ce sont ces variations qui sont intéressantes pour l'anthropologue, dont la mission n'est pas de donner à l'humanité une sorte de valeur commune.

Pour ma part, je pense que la valeur commune dont nous avons hérité de la philosophie des Lumières, ce sont les droits imprescriptibles de la personne humaine qui représentent un immense progrès dans le chemin d'émancipation des peuples notamment en Europe dans un premier temps. En même temps cela pose un problème en ce sens où ces valeurs dépendent d'une conception eurocentrée de la personne humaine, laquelle est elle-même très variable – les anthropologues travaillent d'ailleurs sur cette question depuis des décennies. De plus, ces valeurs sont très anthropocentriques par définition puisque c'est la personne *humaine* qui est prise en considération et non les autres agents non humains qui nous environnent et avec lesquels nous interagissons au quotidien. C'est pour cela que je préférerais défendre une valeur normative, et non utilitaire, qu'est la diversité sous toutes ses formes : la diversité des formes de vie, des langues, des façons de concevoir le monde et d'agir sur lui…

Revue des Deux Mondes – Vous dites, dans *La Composition des mondes*, que les formes politiques issues des Lumières rendent difficile, voire impossible, une meilleure prise en compte des non-

humains au sein des assemblages politiques. Comment concilier la défense de l'héritage des Lumières et une meilleure prise en considération des non-humains ?

Philippe Descola Je vais vous décevoir mais je n'ai pas la réponse. C'est la grande question morale et politique de notre siècle, à laquelle il va falloir répondre. Comment prendre au sérieux les non-humains sans pour autant ébranler le fragile édifice des droits qui se sont progressivement attachés à la personne humaine au cours des deux derniers siècles ? C'est extrêmement difficile.

Il y a peut-être une voie, explorée ici ou là, qui est celle de donner des droits à des milieux de vie plutôt qu'à des individus. Certaines personnes militent pour donner des droits à des espèces animales, perçues comme plus ou moins proches des humains en termes de capacités cognitives, de sensibilité... mais, à mon sens, ce n'est qu'élargir le cercle de l'individualisme possessif, le fondement de la philosophie politique des Lumières. Il me semble qu'il serait plus intéressant de procéder à cet élargissement en donnant des droits à des milieux de vie dont les habitants seraient dépositaires et garants. À commencer par les humains évidemment, étant les principaux perturbateurs mais également dotés de certaines capacités, le langage en particulier, qui leur permettent de jouer un rôle prépondérant dans la vie commune. Je pense à ce qui a été fait dans différentes régions du monde, en premier chef en Nouvelle-Zélande, où l'on a conféré, en 2017, une personnalité juridique au fleuve Whanganui. Le cours d'eau, ses berges... tout le milieu, au sein duquel la vie des êtres vivants se déploie, a une existence juridique dont dépendent les humains. C'est prendre le contrepied de la théorie de l'appropriation, qui émane de l'individualisme possessif et qui consiste en l'idée que l'humain, par un geste de transformation et d'appropriation, est le premier ayant réussi à faire *croire* aux autres, rappelle Rousseau, qu'il possédait un bout de territoire.

Revue des Deux Mondes – Cependant, passer par une stratégie juridique oblige une partie de la population mondiale à adapter son vocabulaire pour utiliser des termes émanant d'un rapport au monde tout autre ? Ne reste-t-on pas dans une forme d'ethnocentrisme ?

Philippe Descola Tout à fait, car le droit contraint à une certaine formulation ; mais il est également plastique et malléable. Les travaux de Sarah Vanuxem ont montré que le droit des communs en Europe, et notamment en France, permettait justement que des choses soient propriétaires de choses. Des maisons, au sens de l'anthropologie, c'est-à-dire une unité sociale, peuvent permettre aux gens qui la composent et l'habitent d'être propriétaires ou d'avoir des droits sur les terres. Mais le droit est investi dans la maison et pas dans les individus.

Au fond, quand l'individualisme s'est développé – sans faire une opposition trop accentuée entre les sociétés holistes et les sociétés individualistes – il est certain qu'il a complètement façonné nos manières politiques ainsi que le développement du droit. Mais jadis à Rome ou même au Moyen Âge, des personnes morales incarnées dans un bâti, un monastère par exemple, pouvaient être propriétaires de choses dont la communauté humaine n'était que dépositaire. Ce ne sont donc pas des systèmes complètement incongrus, ils ont existé dans notre passé pas si lointain.

Revue des Deux Mondes – La mondialisation est-elle un phénomène qui vous inquiète par rapport à une érosion possible de ces diversités ?

Philippe Descola Oui d'une certaine façon, mais c'est un phénomène inévitable, lié à l'évolution des transports, et qui est, sinon réversible, du moins modulable. On le voit bien avec la pandémie dont un des effets a été de redonner une actualité aux attachements locaux.

Il y a probablement une érosion mais il est important de noter que les idées, les images, les techniques, les institutions... ont toujours circulé. Les anthropologues étudient une stabilisation temporaire, conjoncturelle de ces transformations dont généralement on ne connaît pas les péripéties. Il est vrai qu'en Équateur, les Achuar que j'ai connus sont assez différents maintenant de ce qu'ils étaient il y a quarante ans, tout en maintenant des traits spécifiques de leur ethos. De la même façon, les Français contemporains ne sont pas les Français du XVIIIe siècle, bien que l'on puisse trouver certains points communs dans les institutions, à commencer par la langue, et certainement dans les mœurs. Parler d'érosion revient à définir un état à un temps *t* qui va se dégrader, mais cela ne se passe pas comme ça ; la transformation est constante au fil des siècles et on ne connaît pas les versions antérieures.

Un autre phénomène notable est la constitution de communautés culturelles et politiques à échelle plus large, partageant des destinées et des habitudes communes suite à une hybridation. Cela m'a beaucoup frappé en Équateur où les Achuar, à mesure qu'ils sont happés dans la société nationale, ont probablement perdu certains traits caractéristiques, des connaissances peut-être… et en même temps ont acquis d'autres habitudes, une faculté à se défendre sur la scène nationale notamment. Ce sont les résultats d'hybridation au sein de ces sociétés nationales entre des traditions, musicales ou rituelles par exemple, et des institutions typiquement andines et pour partie héritées de la période coloniale… Quelque chose d'autre, un pot-pourri, est en train d'émerger qui, à bien des égards, n'a pas grand-chose à voir avec la culture européenne ou nord-américaine.

Revue des Deux Mondes – « Race et culture » est un texte qui a fait polémique, notamment du fait d'une certaine promotion de la défense des identités nationales. Pensez-vous que ce texte ait été mal compris ou faussé ? Que voulait dire Claude Lévi-Strauss ?

Philippe Descola Je pense que Claude Lévi-Strauss est devenu plus frileux et plus conservateur à la fin de sa vie en effet, quand on examine sa trajectoire et qu'on sait qu'il a été marxiste dans sa jeunesse et l'un des esprits les plus brillants de la SFIO.

Par ce livre, tout comme par son entrée à l'Académie française (qui avait fait sourciller certains collègues), il souhaitait rappeler que les institutions sont fragiles et qu'il fallait par conséquent continuer à les faire vivre. Cela dit, l'instrumentation de « Race et culture » pour défendre une vision chauvine des cultures nationales et la nécessité de se protéger des influences extérieures me paraît aux antipodes de la pensée de Lévi-Strauss qui n'a cessé, par exemple à propos des Amériques, de souligner l'intense brassage d'idées qui s'y est produit avant la colonisation européenne.

Revue des Deux Mondes – Beaucoup de penseurs contemporains, s'appuyant d'ailleurs sur vos travaux, travaillent à une reconfiguration de notre ontologie, notamment par l'élaboration de nouveaux récits, voire de mythes fondamentaux. Quels sont les mythes de notre modernité ?

Philippe Descola C'est une vaste question et je ne sais pas si l'on peut les appeler des « mythes » au sens que les anthropologues donnent à ce terme. Ce sont plutôt des valeurs longtemps partagées. Il y a d'abord la vision prométhéenne de l'individu, capable de tout accomplir, de soumettre le monde à ses besoins et à ses désirs. C'est une idée qui date de deux à trois siècles, intéressante mais problématique.

Il y a bien sûr aussi l'idée du progrès comme un destin cumulatif, appuyé sur une conception de la durée profondément originale et dans laquelle le christianisme a joué un rôle prépondérant, car il propose un temps orienté, une eschatologie. À l'inverse de la très grande majorité des civilisations que j'appelle « analogistes » qui conçoivent un temps cyclique avec des basculements réguliers et un retour à un point d'origine, ici il n'y a pas de retour possible. En outre, l'eschatologie chrétienne annonce une fin, tandis que le progrès, tel qu'il est vu par les Modernes, n'a pas de terme. Or, comme Pierre Charbonnier l'a bien montré dans un livre récent (*Abondance et Liberté*), cette absence de finitude de notre trajectoire collective se heurte à la déprédation écologique de la Terre. Devient ainsi obsolète le couplage né de la philosophie des Lumières entre une double promesse, celle de l'émancipation politique et celle de la croissance du bien-être, les deux étant intimement liées. Or, c'est devenu impossible pour des raisons évidentes. Extraire de plus en plus de richesses de la Terre alors que les ressources sont finies est impossible. D'autre part, des exemples historiques comme la Chine montrent qu'il n'y a pas de corrélation immédiate entre l'émancipation et la richesse, au contraire. La pensée libérale dit « commercez et cela va pacifier les mœurs », c'est le principe de l'individualisme possessif; l'exemple des deux derniers siècles montre que c'est une illusion.

Ces trois « mythes », si vous voulez les appeler ainsi, il faut les regarder en face, ils posent beaucoup de questions difficiles. Et si changer de régime de durée quand on a été élevé en Occident est compliqué, à la fois du point de vue de la tradition chrétienne et du point de vue de l'aspiration à la transformation, on peut au moins identifier les supports à partir desquels nous nous mouvons et qui sont en train de vaciller.

Revue des Deux Mondes – Le réchauffement climatique ne pose-t-il pas un terme à cette conception de la durée ?

Philippe Descola Bien sûr, ça change beaucoup de choses. En tant qu'anthropologue travaillant sur les rapports entre les sociétés et leurs milieux de vie et en tant que lecteur de travaux de biologie parfois hétérodoxes, je suis frappé par le fait que l'adaptation, qui était un des concepts centraux des sciences de la vie, est remise en question. Les sociétés amazoniennes ne s'adaptent pas tant à un environnement qu'elles auraient trouvé tel quel, qu'elles ne le transforment au fil du temps en un habitat dont elles ont sélectionné certaines caractéristiques et qu'elles ont transmis aux descendants. De la même manière, un organisme construit une niche à l'intérieur de laquelle il va se développer. Aujourd'hui, la notion d'adaptation est remise en cause par la temporalité urgente du réchauffement climatique dont l'horizon se rapproche. Nous n'avons pas le temps de ces millénaires de coévolution et de coadaptation qui font que les organismes se transforment en même temps que leurs milieux de vie.

Revue des Deux Mondes – Pensez-vous que l'on puisse faire basculer le naturalisme vers un autre rapport ontologique ?

Philippe Descola C'est une possibilité, oui. Je viens de lire une étude d'un jeune collègue sociologue qui enquête sur la biodynamie en viticulture. Ces vignerons sont immergés, comme nous tous, dans une cosmologie naturaliste, mais ils sont aussi très influencés dans leurs pratiques par l'anthroposophie de Steiner (courant philosophique et ésotérique), laquelle relève plutôt de l'analogisme, de l'idée que le monde est tissé par de multiples liens de correspondances. Le naturalisme est en train de s'hybrider ; ailleurs, par exemple, avec des conceptions animistes (en biologie moléculaire ou en éthologie). Mes quatre ontologies ne sont pas des casiers où ranger idées, pratiques ou sociétés ; ce sont des modèles qui permettent de comprendre des variations et, parfois, des hybridations. C'est aussi ce que j'ai essayé de montrer dans *Les Formes du visible*. On peut spéculer longtemps sur ces questions d'hybridation, mais les images, elles, permettent de les toucher du doigt. C'est un phénomène ancien, car commun dans plusieurs régions du monde, mais qui est en train de s'accélérer.

Revue des Deux Mondes – Pouvez-vous nous donner des exemples concrets d'hybridation ?

Philippe Descola Dans *Les Formes du visible*, je développe un exemple d'hybridation structurelle avec les Tsimshian, un peuple du nord de la Colombie-Britannique, à la frontière de l'Alaska, qui produisent des images dont certaines peuvent être qualifiées d'animistes et d'autres de totémistes, mais qui représentent pourtant la même chose. Les images de chacun de ces registres figuratifs sont réalisées par des gens différents, utilisées par des gens différents, dans des contextes différents, renvoient à des récits différents… Cette société a trouvé un équilibre entre l'idée animiste que les non-humains sont des agents, des esprits avec lesquels on peut interagir et qui peuvent vous conférer assistance et protection, idée assez classique en Amérique du Nord, et l'idée que les non-humains transmettent des qualités au sein d'une lignée, d'une maison, conception plus totémique. Les formes que prennent les images et les techniques au moyen desquelles elles sont produites diffèrent mais pas les êtres qu'elles représentent. C'est donc un exemple stabilisé d'hybridation.

D'autre part, toute la peinture contemporaine est une manifestation d'hybridations multiples du fait d'artistes qui explorent d'autres possibilités, qui font un pas de côté par rapport au naturalisme ou le prolongent sous des formes méconnaissables comme Mondrian. Les images sont annonciatrices de transformations qui prennent plus de temps à être conceptualisées et à transparaître dans le discours. Ce fut le cas avec le naturalisme, qui transparaît dans les images dès le XVe siècle, notamment dans la peinture flamande, mais dont la thématisation et la conceptualisation devront attendre les grands textes théoriques de la révolution scientifique du XVIIe siècle. L'art contemporain connaît ce même mouvement : il annonce depuis un siècle une sortie du naturalisme sans que l'on sache encore précisément quelle forme celle-ci prendra.

Revue des Deux Mondes – Si le naturalisme vacille, qu'advient-il de l'anthropologie et plus généralement de la science moderne dans sa faculté à énoncer des discours vrais ?

Philippe Descola La pratique typiquement anthropologique de la comparaison permet de maintenir une certaine robustesse des critères de validation scientifique. C'est quelque chose de naturaliste mais également d'analogiste, peut-être même d'universel. Autant j'aime être un ethnographe et avoir permis d'affiner des connaissances sur une société, les Achuar, et même une aire culturelle, l'Amazonie, que l'on connaît encore mal, autant j'aime aussi le travail comparatif qui est proprement celui de l'anthropologue. Car il s'agit de comprendre des variations – dans les institutions, les rituels, les cosmologies – afin de mieux percevoir les fondements de la diversité. C'est un projet naturaliste certes, dans le prolongement de l'anthropologie classique, de la grammaire comparée ou du droit comparé, toutes ces grandes entreprises comparatives qui se sont développées dès le XVIIIe siècle et qui sont liées à un projet de connaissance encyclopédique du type de ceux que le naturalisme a rendus possibles. Mais ce genre d'entreprise peut maintenant se déployer dans un champ beaucoup plus ouvert où les critères employés pour comprendre cette diversité sont eux-mêmes plus divers et vont émaner de communautés différentes.

C'est sans doute aussi un travail de longue haleine. Ainsi, si les communautés lointaines que l'on étudiait autrefois en tant qu'anthropologue et dont certains représentants aujourd'hui ont fait des études supérieures, parfois même d'anthropologie, remettent en question les effets du colonialisme, il est encore rare qu'ils mettent radicalement en cause le fond conceptuel sur lequel s'est appuyée l'anthropologie, c'est-à-dire une ontologie eurocentrée. Mais cela viendra. Mon espoir c'est que la diversité culturelle produise de la diversité conceptuelle, dans les façons de comparer.

Revue des Deux Mondes – On verrait donc advenir une science aux critères de véridicité pluriels ?

Philippe Descola Le problème d'une épistémologie qui s'intéresse exclusivement aux conditions de vérité des propositions est que non seulement elle ne sert pas à grand-chose lorsqu'il s'agit de juger du savoir ordinaire, mais qu'elle est aussi complètement inadaptée à des sciences comme l'anthropologie qui s'intéressent à peu près exclusivement à l'analyse de ce savoir ordinaire chez un autrui. Plutôt que de s'attacher à ce que les logiciens appellent la « vériconditionalité » d'une proposition, il est plus pertinent d'examiner ses conditions de félicité, c'est-à-dire les conditions qui permettent sa pertinence. Car la plupart des énoncés auxquels les anthropologues s'intéressent ne sont ni apodictiques ni même vraiment constatifs, mais épidictiques ou performatifs, au moins implicitement ; c'est-à-dire qu'ils ne décrivent pas une « réalité objective », mais qu'ils fournissent des indices sur l'état d'esprit à partir duquel des gens appréhendent le monde et agissent sur lui.

Cela suppose que l'anthropologie et les sciences humaines cessent de se référer à des épistémologies qui ont été faites par et pour les sciences de la nature. L'opposition classique entre universalisme et relativisme est réactivée très rapidement en contexte naturaliste car on a d'un côté les lois universelles de la nature et de l'autre les lois contingentes de la culture. C'est le produit d'une organisation du monde que la plupart des scientifiques d'ailleurs ne respectent pas. Quand on s'intéresse à la bactérie X ou à tel type de phénomènes géologiques, on n'invoque pas la vérité à tout bout de champ, ce n'est pas le critère important. Ce qui compte, c'est que les modèles que l'on construit pour rendre compte du comportement, de l'évolution des objets qu'on se donne, soient les plus cohérents possible par rapport à ce que l'on en sait. C'est ce que l'anthropologie peut faire également. Les questions de vérité peuvent être laissées aux épistémologues.

Revue des Deux Mondes – Le vocabulaire de la crise écologique passe beaucoup par des statistiques, des courbes, des données en termes de ressources… Cela vous paraît-il suffisant ? Sinon, quel rôle l'anthropologie peut-elle jouer ?

Philippe Descola Nous avons besoin d'indicateurs statistiques, de la mesure du CO_2 dans l'atmosphère, du taux de rejet de gaz à effet de serre, de l'érosion de la biodiversité… Cela nous situe justement dans une échelle des phénomènes ; à la différence des indicateurs du progrès, cela nous met le nez sur ce qui pourrait être un déclin, donc ce n'est pas inutile.

En revanche, l'anthropologie peut modifier les termes au moyen desquels les réalités sont désignées, de manière à les rendre moins eurocentrés. J'ai ainsi plaidé pour qu'on ne se serve plus du concept de *société* mais de celui de *collectif* car, en fonction des endroits dans le monde, encore aujourd'hui, ce que nous avons pris coutume en Europe d'appeler une « société », c'est-à-dire un collectif d'humains qui se sont donné leurs propres conventions, ne correspond pas du tout à la façon dont peuvent être conçus les assemblages que les humains forment avec d'autres êtres.

Ce travail me paraît indispensable et va permettre qu'évolue dans une direction moins anthropocentrique et moins eurocentrique le vocabulaire au moyen duquel on décrit la diversité des réalités sociales.

Revue des Deux Mondes – Pourquoi, alors que des phénomènes de résistance au naturalisme existent depuis toujours et continuent d'exister, la recherche a-t-elle tant de mal à les inclure et à leur donner une voix ?

Philippe Descola Je parlais des viticulteurs en biodynamie, c'est un exemple parmi d'autres ! Chacun d'entre nous est capable de systématiser ce genre d'inférences non naturalistes, jusqu'à un certain point. Ces résistances, même si le terme ne me plaît pas, ont toujours existé, et comme la connaissance que nous avons de l'histoire de la vie européenne des derniers siècles est beaucoup plus importante que celle que nous avons d'autres régions du monde, on perçoit beaucoup mieux la diversité de ces manifestations. Cela n'empêche pas que le modèle général, celui qu'on enseigne à l'école, soit le modèle naturaliste. Je cite souvent l'exemple de *Raboliot* de Maurice Genevoix, c'est un roman mais j'ai connu des personnages comme ça, un braconnier qui est un animiste complet ! Et d'ailleurs ça se termine mal car à la fin il est pourchassé par les gendarmes, donc on ne tolère pas jusqu'au bout les comportements non standards.

Je suis très intéressé par ce qu'il se passe à Notre-Dame-des-Landes, ce n'est pas une commune animiste, mais il y a une certaine radicalité dans le pas de côté que font les habitants de cette ZAD par rapport aux valeurs du capitalisme, du consumérisme, de la propriété privée, du productivisme agricole et on le leur fait payer. C'est assez classique que des expériences de ce type, qu'elles soient individuelles ou collectives, soient ramenées dans le droit chemin. Et c'est intéressant de voir qu'elles fonctionnent en réseau. Il y a des manières de vivre qui se disséminent dans des territoires plus larges et qui peuvent avoir un caractère d'exemplarité. Chaque petit collectif qui partage des intérêts communs pourrait potentiellement constituer une sorte de collectif parallèle, risque amplifié maintenant par les réseaux sociaux. Il faut donc bien distinguer le caractère expérimental de certains collectifs qui peuvent faire changer les choses et l'enfermement dans l'entre-soi où l'on estime que notre manière de vivre est la meilleure et se suffit à elle-même. La différence, c'est que dans un cas on accueille les autres, dans l'autre on ne les accueille pas.

Revue des Deux Mondes – Vous dites que l'anthropologie naît d'un étonnement face à un scandale logique. Qu'est-ce qui vous étonne le plus aujourd'hui ?

Philippe Descola C'est un double étonnement. Il y a tout d'abord, à la naissance de la discipline, l'étonnement des Européens face à la découverte que, dans certaines régions du monde, les gens descendent d'un animal ou dialoguent avec des non-humains. Cela advient à la fin du XIXe siècle, époque où justement la distinction épistémologique entre nature et culture s'était stabilisée en Europe. On se rend compte alors que tout le monde ne pense pas comme nous et l'anthropologie naît de la volonté de répondre à ce scandale, en faisant un pas de côté par rapport aux études folkloriques qui étaient plutôt de l'ordre de l'analyse des textes et des récits. Et puis il y a l'étonnement que porte comme vocation tout anthropologue, la surprise perpétuelle face à la diversité du monde. Lorsque l'on décide de la prendre au sérieux, être confronté à des facettes de cette diversité ne laisse pas indemne.

On disait jadis que l'étonnement était la vertu des philosophes, je pense que c'est également la vertu des anthropologues. La différence c'est que les philosophes exploitent cet étonnement à partir de l'observation du monde qui leur est familier – c'est peut-être d'ailleurs plus difficile – alors que nous avons la chance d'être étonnés par des choses qui sont très différentes de celles auxquelles nous sommes habitués. Bien sûr la distance est toujours construite entre l'ethnologue et son objet mais au départ elle est aussi donnée par un écart plus ou moins grand, puis aménagée par la suite. Cette distance qui vient constamment stimuler l'étonnement demeure, même lorsqu'on quitte le terrain, bien que je revienne de temps en temps chez les Achuar. On la retrouve lors de la lecture de l'ethnographie des autres ethnologues, mais aussi en portant sur nos propres institutions un regard qui a été « altérisé » par le terrain.

Revue des Deux Mondes – Êtes-vous de nature optimiste ?

Philippe Descola Je réponds toujours la même chose, c'est la formule de Gramsci : « le pessimisme de la lucidité et l'optimisme de la volonté ».

TOUS INDIENS DÉSORMAIS

› **Sébastien Lapaque**

Plus que *Tristes Tropiques* (1), c'est *Saudades do Brasil* (2), un album de photographies prises entre 1935 et 1939 à São Paulo, dans la Serra da Mantiqueira, le Santa Catarina et le Goiás, chez les Indiens caduveo, les Bororo et les Nambikwara, en Amazonie, à Cuiabá et Salvador de Bahia, qui est le plus fascinant dans l'aventure sud-américaine de Claude Lévi-Strauss. Cette collection de clichés brésiliens – auxquels se mêlent deux clichés boliviens pris à Santa Cruz de la Sierra – publiée et présentée par l'ethnologue en 1994 n'était pas inconnue. L'édition originale de *Tristes Tropiques*, parue en 1955 chez Plon dans la collection « Terre humaine », était ainsi accompagnée de soixante-deux photographies hors-texte de l'auteur. Mais leur découverte reste toujours un choc pour les amoureux du Brésil. Car ces 210 clichés en noir et blanc, aujourd'hui déposés au musée du Quai Branly - Jacques-Chirac, sont d'une grande richesse.

Le plus grand ethnologue français demeure pourtant un photographe méconnu. Peut-être parce que lui-même n'a jamais voulu accorder beaucoup de valeur à ses clichés. « Je ne me prétends pas photographe, même amateur (ou plutôt, je ne le fus qu'au seul Brésil :

le goût m'a passé depuis). » Malgré ses dénégations, il est cependant permis de dire que l'arrière-petit-fils du violoniste et chef d'orchestre Isaac Strauss et le fils de l'artiste peintre Raymond Lévi, qui l'initia à l'art des tirages photographiques, fut non seulement un immense savant, mais aussi un artiste qui possédait une tête, une oreille et un œil. *Saudades do Brasil* est d'ailleurs un titre emprunté au compositeur Darius Milhaud, qui a été secrétaire à l'ambassade de France à Rio de Janeiro sous la direction de Paul Claudel dans les années 1917-1918. Et l'un des plus beaux livres de Claude Lévi-Strauss ne s'appelle pas fortuitement *Regarder, écouter, lire* (3). « Supprimer au hasard dix à vingt ans d'histoire n'affecterait pas de façon sensible notre connaissance de la nature humaine. La seule perte irremplaçable serait celle des œuvres d'art que les siècles auraient vu naître », écrit-il dans cette déclaration d'amour à l'univers des formes qu'il jugeait infiniment supérieur à celui des concepts.

Sébastien Lapaque est romancier, essayiste et critique au *Figaro littéraire*. Il collabore également au *Monde diplomatique*. Son recueil *Mythologie française* (Actes Sud, 2002) a obtenu le prix Goncourt de la nouvelle. Dernier ouvrage publié : *Ce monde est tellement beau* (Actes Sud, 2021).
› slapaque@gmail.com

Claude Lévi-Strauss et sa première épouse, Dina Dreyfus (1911-1999), n'ont cependant pas photographié le Brésil en artistes, comme a pu le faire Pierre Verger à Salvador de Bahia après-guerre. Ils ont pris des photos comme d'autres auraient pris des notes alors que ce dernier, autodidacte, s'est d'abord vu comme un grand reporter qui vendait ses clichés à *Paris-soir*, au *Daily Mirror* et à *Life*. Le parallèle entre leurs démarches est frappant. Quand la photographie a fait de Pierre Verger un ethnologue reconnu (4), c'est l'ethnologie qui a fait des Lévi-Strauss des photographes dont on peut aujourd'hui admirer le travail comme une authentique œuvre d'art.

Débarqués au Brésil en février 1935, ces deux agrégés de philosophie qui s'étaient connus à la Sorbonne avaient été missionnés pour enseigner la sociologie au sein de la Faculté de philosophie, lettres et sciences humaines (FFLCH) de la toute jeune Université de São Paulo (USP), créée une année avant leur arrivée.

Fasciné par cette aventure, j'ai eu le privilège d'en parler avec Claude Lévi-Strauss dans son appartement du quartier de Passy à Paris rempli de souvenirs du Brésil.

> « Lorsque je suis arrivé au Brésil en 1935, ma connaissance de ce pays était très livresque. J'en connaissais naturellement quelques images, mais c'est d'abord dans les livres que j'avais trouvé tout ce que je savais… J'avais lu, avant de partir, l'*Histoire d'un voyage faict en la terre du Brésil* de Jean de Léry (5). Je ne sais plus exactement dans quelles circonstances… Il ne devait pas être facile de se procurer ce livre à l'époque. À la bibliothèque du musée de l'Homme, où j'entreprenais mes recherches, il y avait sans doute une ancienne édition du XIXe siècle. Ce fut un enchantement de découvrir les côtes du Brésil, la baie de Rio de Janeiro, la faune, la flore et les indigènes dans la relation d'un voyageur qui m'avait précédé de quatre siècles. »

Publiée en 1578, l'*Histoire d'un voyage faict en la terre du Brésil* de Léry est non seulement le bréviaire de l'ethnologue, mais aussi un monument fondateur d'une longue histoire d'amour entre la France et le Brésil dont Claude Lévi-Strauss avait conscience avant de regarder monter des étoiles nouvelles en un ciel ignoré.

> « Georges Dumas, le médecin et philosophe par l'intermédiaire duquel j'ai traversé l'Atlantique pour enseigner à l'Université de São Paulo, était en quelque sorte l'incarnation de ces liens. En 1916, c'est lui qui avait fondé le lycée français de Rio… Pour les jeunes professeurs que nous étions (6), la découverte de l'attachement du Brésil pour la France fut une expérience merveilleuse. Nous avons d'ailleurs compris que cet attachement était très ancien. Dans *Nus, féroces et anthropophages* (7), un livre du XVIe siècle, le voyageur allemand Hans Staden écrit qu'il s'est présenté comme l'ami des Français pour éviter d'être dévoré par des Indiens qui l'avaient capturé ! »

À distance, cette histoire d'amitié entre les Français et les tribus indiennes tient du mythe – non pas de l'affabulation, mais de l'énoncé considéré comme vrai (*muthos*), de l'acquisition pour toujours digne d'être retenue dans la mémoire des hommes.

> « L'amitié entre les Français et les Indiens s'explique par les conditions mêmes de l'exploration des côtes du Brésil. Dès le début du XVIe siècle, il y avait des Français qui s'étaient installés à demeure sur la terre ferme… Des témoignages portugais attestent qu'en 1504 il y avait au moins cinq navires français au mouillage sur la côte brésilienne du côté de l'actuel État de Santa Catarina (8). En ce temps-là, les Portugais n'avaient pas encore engagé de politique de colonisation. Les cinquante premières années du XVIe siècle furent sans doute l'époque bénie des relations entre Français et Tupinambas. Jusqu'à l'expédition de Villegagnon et l'établissement de la France antarctique, dans la baie de Guanabara, en 1555, les contacts n'étaient pas du tout une affaire de politique du roi de France. C'était l'initiative de marchands et de navigateurs bretons et normands qui voulaient simplement se procurer les biens précieux que l'on trouvait là-bas. C'était du petit trafic indépendant, fondé sur le troc, beaucoup plus libre qu'une politique étatique. La langue n'était même pas une barrière. »

Dans cette histoire pleine de bruits et de couleurs, le plus fascinant est le système des truchements, c'est-à-dire de l'intégration d'un ou plusieurs jeunes Français dans une tribu sauvage afin de pouvoir commercer avec elle de manière rationnelle.

> « Des garçons français assez hardis pour rester sur la côte du Brésil, où ils avaient pris racine, avaient fini par apprendre la langue des Indiens et servaient de truchements aux marchands. Sans ces truchements, André

Thevet, qui n'a passé que quelques semaines au Brésil et qui était constamment malade à Rio de Janeiro, n'aurait jamais pu rapporter la masse d'informations diverses contenues dans les *Singularités de la France antarctique* (9). Il n'a pas enquêté lui-même, puisqu'il était au lit. Il devait être entouré de truchements qui lui ont parlé de la faune et de la flore, du fonctionnement de la société tupinamba et des rituels anthropophages. Ces Français qui vivaient avec les Indiens et qui avaient souvent femme et enfants étaient accusés par les Portugais de s'être ensauvagés et de manger de la chair humaine… On peut penser que cela arrivait… La fascination des aventuriers français pour les Indiens ne doit pas nous étonner. Il faut se souvenir qu'à l'époque l'étranger avait un grand prestige en tant qu'étranger. Tout individu né ailleurs était alors l'objet d'une forte curiosité. Et quand un Indien du Brésil était présenté à Rouen (1550) ou au Louvre (1614), il lui suffisait d'avoir été baptisé pour devenir un ami et même un allié du roi de France. »

Loin de la bibliothèque du musée de l'Homme, Claude Lévi-Strauss a cependant d'abord eu affaire à un tout autre Brésil que le pays décrit dans les livres des vieux voyageurs. En février 1935, la découverte de São Paulo, ville aux maisons jaunes, roses, rouges ou bleues dont la population d'un million d'habitants était pour moitié composée d'immigrés italiens, fut un choc pour ce jeune homme alors âgé de 26 ans. « Bâtiments civils ou religieux de l'époque coloniale, longues rues bordées d'échoppes ou de logements, tous de plain-pied, peints à la chaux en couleurs tendres… (10) »

« Mais je ne fus pas surpris, en arrivant à São Paulo, de découvrir que la France et le Brésil étaient presque deux pays unis. Songez que, dans le cadre de la mission universitaire, nous donnions nos cours en français à São Paulo sans aucun problème. À cette époque, toute la bonne société brésilienne parlait couramment français… Nous nous savions les héritiers de la Mission artistique française arrivée à Rio de Janeiro en 1816. Nous admirions Jean-Baptiste Debret et ses aquarelles représentant des scènes de la vie quotidienne à Rio de Janeiro et dans l'intérieur du pays… »

En 1935, São Paulo avait une beauté singulière due aux contrastes architecturaux, au foisonnement des formes, à la variété des couleurs. Jour après jour, elle changeait à vue d'œil. On songe à l'émerveillement de Blaise Cendrars, débarqué une décennie auparavant et lui aussi tombé amoureux de « Saint-Paul », cette ville cubiste.

« J'adore cette ville
Saint-Paul est selon mon cœur
Ici nulle tradition
Aucun préjugé
Ni ancien ni moderne
Seuls comptent cet appétit furieux cette confiance absolue cet optimisme cette audace ce travail ce labeur cette spéculation qui font construire dix maisons par heure de tous styles ridicules grotesques beaux grands petits nord sud égyptien yankee cubiste
Sans autre préoccupation que de suivre les statistiques
prévoir l'avenir le confort l'utilité la plus-value et
d'attirer une grosse immigration
Tous les pays
Tous les peuples
J'aime ça
Les deux trois vieilles maisons portugaises qui restent
sont des faïences bleues. (11) »

Claude Lévi-Strauss a lui aussi été enivré par cet appétit, cette confiance, cet optimisme, cette audace… Les premiers regards qu'il a portés sur le Brésil témoignent de sa fascination pour ses paysages urbains mêlant l'ancien et le nouveau, les constructions orgueilleuses et les rues délabrées. Au Brésil, la nature n'a jamais renoncé à ses privilèges, elle semble prête à prendre sa revanche sur l'œuvre de l'homme. L'homme ne se laisse pas faire et conquiert année après année d'immenses espaces.

> « L'extension de la ville brésilienne a toujours eu un caractère implacable… Je m'y suis beaucoup intéressé. C'est un des aspects essentiels de la personnalité du pays. La naissance d'une ville, qui s'étale sur des siècles ou sur des millénaires dans l'Ancien Monde, prenait quelques années ou quelques mois au Brésil à l'époque où je l'ai connu. Pour le sociologue, cela constituait une sorte d'expérience toute faite. Et, comme j'étais venu à São Paulo pour enseigner la sociologie, j'envoyais mes élèves observer leur quartier ou leur rue. À São Paulo, on disait alors qu'on construisait une maison par heure. Cela changeait tous les jours. Nous observions également que les villes étaient en train de se construire, au bord du chemin de fer qui pénétrait dans l'ouest de l'État de São Paulo et du Paraná. C'était très étonnant. La première ville avait 2 000 habitants, celle d'après n'en avait plus que 90, vingt kilomètres plus loin, elle en avait 40, et vingt kilomètres plus loin elle n'en avait plus qu'un seul. »

Fascinés par la constitution de la grande ville brésilienne dont a merveilleusement parlé le sociologue paulistano Sérgio Buarque de Holanda dans *Raízes do Brasil* (12), Claude et Dina Lévi-Strauss n'avaient pas débarqué au Brésil pour célébrer la modernité de ses usines, de ses cinémas, de ses terrains d'aviation, de ses palaces, de ses gratte-ciel, de ses paquebots, de ses tunnels, de ses automobiles, de ses collections de peinture moderne, de ses stades de football et de son éclairage électrique à la manière de Blaise Cendrars. Dans l'entourage des écrivains du mouvement anthropophage emmenés par le poète et agitateur Oswald de Andrade, Dina s'était passionnée pour les mœurs et le folklore des Indiens du Brésil, persuadée que les cultures indigènes étaient condamnées à une mort inéluctable par la civilisation occidentale.

Claude Lévi-Strauss ne le raconte pas dans *Tristes Tropiques*, mais il doit à sa première femme son intérêt pour l'ethnologie. À São Paulo, elle fonda même la discipline (13). C'est ainsi, au début de l'automne austral 1935, que Claude et Dina Lévi-Strauss ont laissé leurs collègues rentrer en Europe pour les grandes vacances, et sont partis pour le Mato Grosso, en train à vapeur puis à cheval, à la rencontre des Indiens caduveo et bororo, persuadés de devoir « recueillir ce qui subsiste encore, et qui disparaîtra bientôt ». Les photographies qui témoignent de leur rencontre avec les Bororos, qui vivaient à la frontière du Brésil et du Paraguay, sont poignantes. Elles montrent des femmes et des enfants aux magnifiques peintures faciales. Sur certaines d'entre elles, la bouche devient une fleur étrange et compliquée, sur d'autres, un pendentif distingue une organisation sociale structurée autour de la notion de service.

> « En 1935, il était très facile de partir à la rencontre des Indiens… J'avais trouvé une carte de l'État de São Paulo, datant de 1915, qui représentait la moitié de l'État en blanc, avec pour seule mention "Terres inconnues occupées par les Indiens". C'était cependant une époque où les Indiens étaient allègrement exterminés. »

La première expédition de Claude Lévi-Strauss dans le Mato Grosso avait été motivée par la crainte d'une destruction irrémédiable de la civilisation indienne. Soixante-dix ans plus tard, lorsque je lui en ai parlé, c'est à la destruction de notre propre civilisation qu'il songeait. Il parlait cependant sans amertume, avec une grande attention pour son interlocuteur et une immense gentillesse. C'était en 2005, le maître avait rendu sa copie depuis longtemps. Il ne craignait plus les polémiques déclenchées à l'Unesco en mars 1971 par sa conférence « Race et culture » (14), prononcée à l'invitation de Roger Caillois. Les photographies et la préface de *Saudades do Brasil* permettent de comprendre son pessimisme de grand style.

« De plus en plus, les avancées de la science et de la technique, y compris les conquêtes de la médecine – bienfait pour les individus et méfait pour l'espèce –, ont pour bénéfice principal, souvent pour excuse alléguée, de compenser les conséquences néfastes engendrées par les progrès précédents. Ce faisant, d'autres conséquences néfastes résultent, auxquelles il faudra inventer d'autres progrès pour remédier. Expropriés de notre culture, dépouillés de valeurs dont nous étions épris – pureté de l'eau et de l'air, grâces de la nature, diversité des espèces animales et végétales –, tous indiens désormais, nous sommes en train de faire de nous-mêmes ce que nous avons fait d'eux. (15) »

Quand j'ai quitté Claude Lévi-Strauss, heureux de voir son écriture sur la page de titre de *Tristes Tropiques* – « Pour Sébastien Lapaque, qui partage avec moi l'amour que je conserve pour le Brésil, pays qu'aujourd'hui il connaît mieux que moi » –, j'ai compris l'air accablé du jeune Indien nambikwara sur la couverture du livre.

1. Claude Lévi-Strauss, *Tristes Tropiques*, coll. « Terre humaine », Plon, 1955.
2. Claude Lévi-Strauss, *Saudades do Brasil*, Plon, 1994.
3. Claude Lévi-Strauss, *Regarder, écouter, lire*, Plon, 1993.
4. Cf. Jérôme Souty, *Du regard détaché à la connaissance initiatique : Pierre Fatumbi Verger*, Maisonneuve & Larose, 2007.
5. Jean de Léry, *Histoire d'un voyage faict en la terre du Brésil*, Le Livre de Poche, préface de Claude Lévi-Strauss, édition de Frank Lestringant, 1994.
6. Parmi eux, l'historien Fernand Braudel, le géographe Pierre Monbeig et le sociologue Roger Bastide.
7. Hans Staden, *Nus, féroces et anthropophages*, Métailié, 2005.
8. Leyla Perrone-Moisés, *Le Voyage de Gonneville (1503-1505) et la découverte de la Normandie par les Indiens du Brésil*, coll. « Magellane », Chandeigne, 1995.
9. *Le Brésil d'André Thevet. Singularités de la France antarctique* (1557), édition de Frank Lestringant, coll. « Magellane poche », Chandeigne, 2011.
10. Claude Lévi-Strauss, *Saudades do Brasil*, *op. cit.*, p. 20.
11. Blaise Cendrars, « Saint-Paul » in *Feuilles de route*, Au Sans Pareil, 1924 ; repris dans *Du monde entier. Poésies complètes 1912-1924*, Poésie/Gallimard, 1967.
12. En français, *Racines du Brésil*, coll. « Arcades », Gallimard, n° 56, 1998.
13. Dina Dreyfus, *Instruções práticas para pesquisas de antropologia física e cultural, Boletim da Sociedade de Etnografia e Folclore*, São Paulo, 1936.
14. Repris dans Claude Lévi-Strauss, *Race et histoire*, Albin Michel, 2002.
15. Claude Lévi-Strauss, *Saudades do Brasil*, *op. cit.*, pp. 18-19.

LA MUSIQUE OU L'EXALTATION DE L'ACCOMPLISSEMENT

› **Olivier Bellamy**

Parmi les grands intellectuels, Claude Lévi-Strauss est non seulement l'un des rares à s'intéresser à la musique mais à l'intégrer dans son travail : « La musique et la mythologie sont des machines à supprimer le temps, si bien qu'en écoutant la musique et pendant que nous l'écoutons, nous accédons à une sorte d'immortalité. (1) »

La plupart des jongleurs de concepts se méfient aussi sûrement de l'art des sons que les généraux et les prêtres ont tenté de l'assujettir. Il y a là un mystère qui dépasse l'entendement des esprits aux rouages trop bien huilés. C'est précisément ce mystère qui attire Lévi-Strauss : « Quand je suis envahi par la musique de *Parsifal*, je cesse de me poser des questions. (2) » En effet, la musique est de l'ordre de la révélation. On accepte son mystère comme celui de la foi. Ceux qui refusent de « croire » sont dérangés par elle.

Freud explique, lui, sa répulsion pour la musique par son « inaptitude à la jouissance ». Pour appuyer sa démonstration, l'auteur de *Totem et Tabou* affirme qu'en entrant dans une brasserie il se bouche les oreilles s'il y entend de la musique. Curieux exemple, car un mélomane pourrait utiliser le même pour témoigner de sa passion. Écouter en mangeant, quelle hérésie! Le fait que la musique agit sur l'inconscient aurait pu intéresser Freud. Mais non, elle l'empêche de penser (et apparemment de *panser*).

Au contraire, elle aide Claude Lévi-Strauss à se concentrer (et le nourrit) :

> « La musique compte beaucoup dans ma vie. J'en écoute tout le temps. Je travaille en musique. Cela peut m'attirer la réprobation des mélomanes qui m'accuseraient de faire de la musique un bruit de fond. Les choses sont plus compliquées. Je pense mieux en l'écoutant. Une relation contrapuntique s'établit entre l'articulation du discours musical et le fil de ma réflexion. Tantôt ils vont de conserve, tantôt ils se quittent et enfin se rejoignent. (3) »

C'est parce que la musique est un langage « non parlé » (il pourrait plus difficilement entendre du théâtre en écrivant) que son état de conscience s'en trouve augmenté par un *contrepoint* qui le hisse à un niveau supérieur de réflexion. Cette « utilisation » n'en abaisse nullement la noblesse, car si la musique n'a pas de signification, elle a bien une fonction. Ça n'entrave en rien son pouvoir : « La musique, c'est le langage moins le sens. » C'est sa nature d'en être dénuée. D'où la célèbre phrase de Stravinsky : « Je considère la musique, par son essence, impuissante à exprimer quoi que ce soit. » Entendez : un sentiment aussi univoque que triste ou joyeux. Pour Lévi-Strauss, c'est précisément sa force, pour ne pas dire son génie :

Olivier Bellamy est journaliste et écrivain. Dernier ouvrage publié : *Dictionnaire amoureux de Chopin* (Plon, 2021).

> « Que la musique soit un langage *[...]* à la fois intelligible et intraduisible fait du créateur de musique un être pareil aux dieux, et de la musique elle-même le suprême mystère des sciences de l'homme, celui contre lequel elles butent, et qui garde la clé de leur progrès. (4) »

Avant d'être cet anthropologue et ethnologue universellement admiré, Claude Lévi-Strauss s'est rêvé compositeur et chef d'orchestre. Son père (Raymond Lévi) était peintre. Et son arrière-grand-père Isaac Strauss (de son vrai nom Emmanuel Israël) était violoniste, chef d'orchestre et compositeur. Mais la transmission n'a pas joué : « Adolescent, j'ai essayé de composer, mais je ne sais strictement rien en musique. » Rien ? Comparé à Leonard Bernstein peut-être, mais beaucoup plus que le commun des mortels.

Dans *Regarder, écouter, lire*, Claude Lévi-Strauss fait se croiser les œuvres de Poussin, Diderot, Rameau et Rousseau. Marqué par sa lecture du grand Jean-Jacques (compositeur et chantre de la *pure nature*), il puise chez lui de quoi alimenter son travail sur la fonction symbolique de la musique. « Les sons n'agissent pas seulement sur nous comme sons, mais comme signes de nos sentiments », écrit Rousseau dans son livre inachevé et posthume *Essai sur l'origine des langues*. Du pain bénit pour celui qui va se lancer dans les quatre volumes de *Mythologiques* (1964-1971), son œuvre maîtresse.

Auparavant, Lévi-Strauss nous fait une étrange confidence dans son livre le plus célèbre, *Tristes Tropiques* (1955). Alors qu'il est au fin fond du Mato Grosso brésilien, au milieu des tribus amérindiennes, il est soudain obsédé par l'*Étude op. 10 n° 3* (la fameuse « Tristesse ») de Chopin. Il en est surpris car ses goûts le portent habituellement plus volontiers vers Wagner, Ravel et Debussy. Mais cette sublime mélodie (sa *petite phrase* à lui, sa *madeleine* de Proust) cristallise « par dérision » tout ce qu'il a laissé derrière lui :

> « J'aimais Chopin par excès, et non par défaut comme le fait celui pour qui l'évolution musicale s'est arrêtée à lui. Pour favoriser en moi l'apparition de certaines émotions, je n'avais plus besoin de l'excitation complète : le signe, l'allusion, la prémonition de certaines formes suffisaient. »

C'est là, grâce à l'incursion de Chopin en pleine forêt amazonienne, qu'il prend peu à peu conscience que les mythes chez les peuples primitifs et les œuvres musicales exercent des fonctions symboliques : « Est-ce que, dans notre société, la musique n'a pas pris en quelque sorte le relais de la fonction mythique alors que, vis-à-vis du mythe dans les sociétés sans écriture, sa fonction est plus modeste ? » Et d'établir qu'à partir de la Renaissance la fonction symbolique de la musique se substitue à celle des mythes en Occident.

> « Quand le mythe meurt, la musique devient mythique de la même façon que les œuvres d'art, quand la religion meurt, cessent d'être simplement belles pour devenir sacrées. (5) »

En musique comme en ethnologie, Claude Lévi-Strauss est un autodidacte. Cela va lui permettre d'ouvrir sa réflexion sur plusieurs fronts avec beaucoup d'intuition. Il remarque que musique et mythologie se rencontrent avec l'invention de la fugue. Car c'est une forme de composition qui existe déjà dans les mythes, affirme-t-il dans *L'Homme nu* : « Tout système mythologique est contrapuntique *[voix distinctes superposées]*. »

Pour l'anthropologue, le mythe (comme la musique) est d'un autre ordre que le langage parlé. Il doit se déchiffrer, car il est « composé » de scènes qui n'ont ni queue ni tête si on les lit telles quelles. Il compare les mythes à une partition d'orchestre qu'on doit lire à la fois de gauche à droite, mais aussi à la verticale. La superposition les rend lisibles. Mythes et musique doivent être *interprétés* :

> « Le mythe n'offre jamais à ceux qui l'écoutent une signification déterminée. Un mythe propose une grille définissable seulement par ses règles de construction. »

Surtout il met en lumière l'importance de la mise en forme symbolique et du contexte culturel pour en apprécier toute la saveur :

> « Ce qui rebute l'un peut accrocher l'autre en fonction de ce que la musique en est venue à signifier pour lui et sa culture. »

Car la musique est bien une organisation des sons en structures socialement admises.

Mieux, c'est en quelque sorte l'émanation d'une société, l'âme d'un peuple.

> « Pour les participants à la culture dont relève le mythe, cette grille confère un sens, non au mythe lui-même, mais à tout le reste : c'est-à-dire aux images du monde, de la société et de son histoire dont les membres du groupe ont plus ou moins conscience… »

Mais rien de *moral* dans le mythe. « Une niaiserie », s'insurge l'ethnologue. C'est une organisation du monde, un reflet de la nature imaginé par l'Homme, mais une histoire sans signification précise. « Que chacun trouve dans les mythes ce qu'il y cherche prouve que rien de tout cela n'y est. »

Le mystère de la musique l'aide à mettre en doute son système de pensée

Le structuralisme sera, aux yeux de Lévi-Strauss, un bon moyen d'appréhender la musique, car il n'oppose pas l'intelligible et le sensible, le concret et l'abstrait, « il n'a pas de contenu, il *est* le contenu ».

Dans *L'Homme nu*, Claude Lévi-Strauss démontre qu'une œuvre musicale se décode comme un récit mythologique. Sa construction interne et ses ressorts cachés comptent plus que l'histoire. Il prend l'exemple du *Boléro* de Ravel qu'il voit *(sic)* comme « une sorte de fugue mise à plat » où le sujet et le contre-sujet « se suivent sans se chevaucher ». Il met à jour l'opposition constante entre binaire (la narration) et ternaire (le rythme). Selon lui, les changements d'instrumentation servent à « réconcilier les contraires ». À ses yeux, la structure secrète de l'œuvre évolue sur trois plans : symbolique, réel et imaginaire. La démonstration est brillante. Elle peut être raillée, démontée (d'autres s'en chargeront), mais ne peut plus être oubliée.

Si l'on objecte que le choix du *Boléro* est spécieux pour une démonstration « musicale », car Ravel le considérait comme « vide de toute musique », Lévi-Strauss répond imperturbablement : « On n'irait pas loin dans l'analyse des œuvres d'art si l'on s'en tenait à ce que leurs auteurs ont dit ou même cru avoir fait. » Imparable. Autre autodidacte, Glenn Gould, le plus « structuraliste » des interprètes de musique, ira même jusqu'à apostropher un compositeur opposé à l'interprétation personnelle du pianiste canadien : « Vous n'avez rien compris à votre propre musique. »

Comme Gould, Lévi-Strauss veut « recomposer ». C'est à la fois génial et fragile. Mais quelle langue ! celle de Lévi-Strauss. C'est un écrivain, un classique, voire un « compositeur » de livres. Il n'a jamais caché concevoir son œuvre à la manière d'un opéra de Wagner. « Wagner, le père irrécusable des mythes », qui, grâce à son système de leitmotivs, « rend le développement vain ». D'une flèche décochée à Brahms, voilà préparé le trône de Debussy.

La vision de Lévi-Strauss tient-elle le coup ? « Dieu est le plus important, qu'Il existe ou pas », a dit un philosophe du XVIIIe siècle. En littérature, le style est tout. Que la psychanalyse soit un mythe ou une réalité n'empêche pas Freud d'être un génie. Que le structuralisme soit « dépassé » n'altère pas la couronne de Lévi-Strauss. *Tristes Tropiques* restera. C'est un chef-d'œuvre. Qu'on les aime ou non, les *Variations Goldberg* par Glenn Gould resteront aussi.

Dans son livre *Lévi-Strauss musicien* (6), le musicologue Jean-Jacques Nattiez pointe tout ce qui est peu scientifique et arbitraire dans la pensée du père du structuralisme français. L'originalité de son œuvre vient surtout du fait qu'il n'a pas étudié au conservatoire, mais qu'il a tiré sa méthode des principes du linguiste russe Roman Jakobson, avec lequel il a étroitement collaboré (notamment à propos de Baudelaire). Après tout, la musique est un langage. Lévi-Strauss a donc mis en évidence tout un système de signes. L'opposition systématique à l'avant-garde de son temps le place dans le camp des conservateurs (certains diront réactionnaires). Il s'en est expliqué : « Les styles musicaux reposent sur ce que l'homme a choisi de prélever dans la nature pour faire partie de son expression culturelle. » Or la série et le dodécaphonisme sont antinaturels : « Il manque une hiérarchie entre les notes de la gamme. » La musique improvisée (ou dite telle) l'intéressera beaucoup plus. Il démontrera que ce qui semble improvisé lors des « transes » repose en fait sur un répertoire, des conventions stylistiques très développées et un art qui consiste à agencer des éléments préfabriqués. D'une certaine manière, pourrait-on ajouter, Mozart, Beethoven ou Chopin figent ce qu'ils ont auparavant improvisé. L'écriture leur permettant de garder éternellement ce qui leur paraît le plus abouti. On lui fera un mauvais procès. Lévi-Strauss ne place pas les cantates de Bach au même niveau que les chants des Indiens bororo. Il confère aux deux mondes la même dignité. Révolutionnaire.

Derrière le penseur apparaît aussi Lévi-Strauss l'improvisateur. Il cherche, croise ses sources. Le mystère de la musique ne lui souffle pas seulement des analogies ou des homologies, mais l'aide à mettre en doute, à interroger son système de pensée, à y échapper. Ce que moque la critique, il l'a voulu ainsi. Il reste humain, pétri de contradictions. Ainsi il fera part de son aversion pour la philosophie après l'avoir enseignée. Ce qui lui vaudra des inimitiés. Il avouera même, suprême provocation d'un esprit frondeur, avoir acheté un livre d'astrologie après avoir passé l'agrégation de philosophie :

> « Pas du tout parce que j'y croyais ou que je voulais me consacrer à son étude mais parce que, à mon avis, c'était le symbole d'une grande construction intellectuelle qui avait une valeur presque aussi grande que celles sur lesquelles j'avais été obligé de me concentrer pendant des années. (7) »

Gonflé.

La nature « non sensique » de la musique lui permet d'ouvrir et d'enrichir sa pensée. La musique nourrit son œuvre, mais il nourrit aussi son œuvre d'idées originales sur la musique. Ceci, dans *L'Homme nu* :

« La musique réussit, dans un laps de temps relativement bref, ce à quoi la vie elle-même ne parvient pas toujours *[...]* : l'union d'un projet à son succès, qui, dans le cas de la musique, permet que l'ordre du sensible et celui de l'intelligible se rejoignent, simulant en raccourci cette exaltation de l'accomplissement total. »

Voici pourquoi les affects les plus déchirants de Schubert, Chopin ou Verdi nous procurent un tel bonheur. Quelque chose d'essentiel sur l'art est éclairé par l'artiste et fils d'artiste Lévi-Strauss. Quelque chose qui célèbre, caresse, émeut et signifie quelque chose. L'utopie tant désirée d'une musique qui serait (enfin !) « sensique ».

1. Claude Lévi-Strauss, *Le Cru et le Cuit*, in *Mythologiques*, tome I, Plon, 1964.
2. Claude Lévi-Strauss, *Regarder, écouter, lire*, Plon, 1993.
3. Interview télévisée donnée par Claude Lévi-Strauss.
4. Claude Lévi-Strauss, *Le Cru et le Cuit*, *op. cit.*
5. Claude Lévi-Strauss, *L'Homme nu*, in *Mythologiques*, tome IV, Plon, 1971.
6. Jean-Jacques Nattiez, *Lévi-Strauss musicien. Essai sur la tentation homologique*, Actes Sud, 2008.
7. Interview télévisée donnée par Claude Lévi-Strauss.

LITTÉRATURE

LA FORME ET L'ÂME

› **Paulina Dalmayer**

L'auteure des *Héroïques* (Grasset), née en Pologne en 1974, analyse les différences entre Français et Polonais.

« Ô France ! sois heureuse entre toutes les mères. »
André Chénier

Pour l'épaisseur de votre bifteck et pour nos rêves

La différence entre le caractère polonais et le caractère français est si grande qu'en définitive elle déclenche chez les Polonais un regard complexe et nuancé sur la France. Le phénomène ne semble pas fonctionner dans le sens inverse même si, à ce qu'il paraît, Gombrowicz aurait envoyé un de ses livres au général de Gaulle avec un commentaire disant que l'ouvrage permettrait une meilleure compréhension de l'Europe de l'Est. La France se pique d'y porter ses lumières, comme ailleurs, mais on peut douter qu'elle cherche à comprendre ce qu'elle éclaire. Autant dire que le « je t'aime, moi non plus » entre la Pologne et la France ne risque pas de connaître la phase de cristallisation stendhalienne. Du reste, tout le monde est usé. La Pologne, plus divisée que jamais depuis la chute du communisme, se débat contre ses vieux démons. La France, à en croire ses généraux à la retraite, ses intellectuels et son opinion publique, frôle la guerre civile. Si l'issue de ces turbulences paraît plus incertaine dans le cas de la France plutôt que dans celui de la Pologne, c'est notamment en raison de ce qui sépare les Français et les Polonais sur le plan des mentalités, des attitudes face à une crise grave, mais aussi dans leur rapport respectif à la spiritualité et à l'Esprit, avec un grand *E.* Sans oublier l'expérience de deux totalitarismes que les Polonais ont acquise à leur corps défendant au cours du XXe siècle, et qui les immunise, du moins partiellement, contre les nouveaux virus autoritaires, tout ce qui fait défaut aux Français.

Je ne saurais écrire ces lignes dans une autre perspective ni avec une autre sensibilité que celle d'une disciple de toute une lignée d'écrivains, de philosophes et d'artistes polonais exilés en France depuis la première vague d'émigration à l'époque romantique. Pierre Seghers, communiste, ancien résistant, éditeur pionnier de poésie polonaise dans l'immédiat après-guerre, les présente d'une manière qui résiste à l'épreuve du temps : « Enfants d'un peuple de poètes, ouvriers des mots qui ont quelque chose à dire et n'empapillotent pas joliment le Néant… » Ce quelque chose, les Français, pas plus que le reste de l'Occident, ne l'ont jamais entendu, même s'ils faisaient aimablement semblant d'écouter. Dommage, et cela à double titre. Tout d'abord, les barbares en voyage, pour faire allusion à la manière dont se définissait Czesław Miłosz pendant ses années d'exil parisien, avec leur complexe d'infériorité et leur désir d'épouser l'universel, se sont montrés doués dans l'analyse de la société française. Ensuite, à prendre au sérieux la situation actuelle, il serait peut-être utile aux Français de prêter l'oreille.

Paulina Dalmayer est journaliste.
Dernier ouvrage publié :
Les Héroïques (Grasset, 2021).
› dalmayer@orange.fr

Écrite « non pas pour une audience occidentale mais bien contre elle », sa sottise et son aveuglement, à commencer par le tandem Sartre-Beauvoir, *La Pensée captive* de Miłosz paraît à Paris en 1954, valant à son auteur un isolement de pestiféré, tant ce rapport analytique sur le meilleur du monde heurte la conscience de la gauche progressiste. De fait, l'herbe est plus rouge dans les salons parisiens que derrière le rideau de fer. C'est pourquoi l'homme de l'Est, soutient Miłosz, ne peut pas prendre les Occidentaux au sérieux : « *[...]* leur manque d'imagination, surtout, est vraiment effarant. » Aurait-on observé une amélioration depuis ? Qu'on tue ses journalistes, ses profs, ses flics ou ses juifs, la France peine à reconnaître le caractère totalitaire de l'islam radical. « Pas d'amalgame ! » se substitue à la pilule Murti-Bing, une drogue symbolique qui apparaît dans *La Pensée captive* pour montrer la facilité avec laquelle l'esprit humain se débarrasse de toute inquiétude et se prépare à l'étape suivante de sa soumission à la nouvelle foi. N'était-il pas naïf de croire la parenthèse totalitaire refermée définitivement avec la chute du communisme ? Comme dans un thriller à succès, Miłosz prévient ses lecteurs : « Si une chose existe quelque part, elle existera partout. » Et à toute époque.

La progression en France de la *cancel culture*, le dernier avatar du politiquement correct, plus violent, plus radical, fait réagir jusqu'au chef de l'État. À juste titre, Pierre Nora évoque le risque de néantisation de la culture française et prophétise une vie dure à ses défenseurs. Nonobstant, les têtes tombent, le climat d'une purge idéologique commence à se répandre. Pis, 33 % des Français pensent que le travail d'un artiste ne doit pas être soutenu si ses comportements privés sont critiquables (1), alors que 12 % n'ont pas d'avis sur ce sujet. Presque la moitié des jeunes Français de moins de 25 ans (*sic* !), quelle que soit leur confession, estime que *Charlie Hebdo* a eu tort de publier les caricatures de Mahomet (2). Faute de mieux, aux créateurs français, on conseille de parcourir le deuxième chapitre de *La Pensée captive,* qui décrit la pratique du *ketmân*, devenue une institution dans l'ancien bloc de l'Est. À l'origine, il s'agit d'un jeu par lequel, en islam, l'individu se protège contre la pression de l'orthodoxie, en adoptant un double langage de camouflage, en tout point semblable au *doublethink* orwellien. Attention, le jeu ne va pas sans cruauté pour celui qui s'y adonne : « Un premier compromis en amène un deuxième et un troisième, jusqu'au moment où enfin tout ce qu'on dit est parfaitement rond et cohérent, mais n'a plus rien de commun avec la chair et le sang des hommes. » Selon Gombrowicz, le mérite essentiel de *La Pensée captive* revient au fait de valider la thèse selon laquelle l'homme peut tout faire avec un deuxième homme, une créature par excellence élastique. Mais peut-être la grande leçon de ce livre se résume-t-elle au constat qu'aucune société n'a les moyens de vaincre une menace ou une tentation totalitaire sans engager à un niveau individuel ce que Václav Havel appelait « un sentiment profond de responsabilité personnelle pour le monde ». Et c'est là que les choses se corsent, en ce qui concerne la France.

L'art français de la capitulation

La France est un pays qui ne meurt jamais de honte, et elle a raison. Dans nos confins fangeux de l'Europe, on n'aime pas la France pour son attitude morale ou l'action de ses hommes politiques. On l'aime pour sa littérature, ses arts, ses cafés, et même sa froideur de femme fatale, hautaine et prétentieuse. Milan Kundera l'affirme dans cette même revue, en 1994, en évoquant l'ambiance spirituelle de sa jeunesse, marquée par une francophilie passionnée : « C'était juste après la guerre, ce qui signifie que l'amour de la France a plus ou moins facilement survécu au choc de Munich (pourtant vécu douloureusement comme une trahison). » Il en fut pareillement avec les Polonais. Que les Français aient refusé de mourir pour Gdańsk ne nous est pas resté en travers de la gorge. La question principale est de savoir si les Français voudraient mourir pour Paris, Nice, Bordeaux, ou pour les valeurs fondamentales de leur République, telle la laïcité. Par chance, aucun institut de sondage ne s'est aventuré à examiner le sujet.

Douce France d'Andrzej Bobkowski (3) est un des livres les plus dérangeants sur l'occupation nazie car le plus pacifique. Subjectif, à l'instar de tout témoignage, celui-là aussi invite à garder une distance critique, mais il serait regrettable de le récuser. Exilé en France pendant une dizaine d'années, à partir de 1939, Bobkowski retrace sa débâcle aux allures d'une formalité administrative qui ne tracasse personne et ne perturbe pas beaucoup les occupations quotidiennes de ses habitants : « En temps de paix, ils ont oublié la guerre, en temps de guerre, ils n'ont pas su oublier la paix. » Abruti par la France, pour reprendre à notre profit le sarcasme de Gombrowicz, comme Kundera, comme toute la dissidence intellectuelle est-européenne des années soixante-dix-quatre-vingt, comme moi aussi, Bobkowski désenchante au fur et à mesure de sa traversée du pays à vélo, depuis Paris vers la zone libre. Partout, on le reçoit avec amabilité, un bon café et une tartine de vraie confiture. La tartuferie de toute la nation surgit au détour d'une conversation anodine, quand on explique à Bobkowski que la capitulation ne comptera jamais dans l'histoire de la France, seulement dans celle de la Seconde Guerre mondiale. Il craque et règle ses comptes avec les Français : « Le patriotisme, la liberté, la patrie ? Non, le bifteck ! » Dans son journal, Gombrowicz l'encense : « Il se jette avec fureur sur la France et d'un bras jeune et batailleur roue de coups son propre rêve. (4) »

En réalité, Bobkowski fait un travail plus constructif, en réfléchissant au processus qui a mené les Français à ce stade d'individualisme et d'indifférence. Son analyse rejoint une critique de l'Occident partagée par la quasi-totalité de l'intelligentsia est-européenne, avec Soljenitsyne venu en renfort. Les Lumières, dont le noble objectif initial d'émancipation de la société vis-à-vis des dogmes religieux et des croyances métaphysiques a fait rayonner la France à une époque et avait décidé de sa force, s'étaient muées en un système social soumis à l'hégémonie d'une raison débridée. Leszek Kolakowski, cet athée polonais réfugié à Oxford qui se pose la question de savoir ce qu'il adviendrait si Dieu n'existait pas, défend l'idée que le triomphe du rationalisme dans les sociétés modernes a eu pour effet de saper la double fonction du sacré : non seulement poser une frontière nette entre le bien et le mal, mais aussi permettre au profane de comprendre l'existence de limites à sa propre perfectibilité de même qu'à ses libertés. Bobkowski se montre plus radical, soutenant qu'en France le rationalisme a été poussé si loin qu'il est devenu irrationnel, dogmatique. Le rationalisme a fait perdre aux Français la capacité d'une pensée idéaliste, il a émoussé leur sens moral. Le Français ne comprend rien à l'Esprit. Le Français est superficiel. En France n'est pas important ce qu'on fait, mais comment on le fait. La France, c'est la Forme. L'hypertrophie de l'appareil administratif et juridique, avec une production industrielle de nouvelles lois, en serait la preuve selon Bobkowski, convaincu que la manie juridico-bureaucratique procure aux Français le sentiment d'agir sur les aspects concrets de la vie, voire de modifier le système, alors qu'en réalité ils rectifient seulement la forme et restent à la surface des choses.

La Libération de Paris coûte la vie à un millier de combattants et à 600 civils, alors que le soulèvement de Varsovie se solde par 200 000 morts, résistants et habitants confondus, des bombardements et la destruction totale de la ville, ce qui devrait suffire à excuser l'emportement de Bobkowski. Il n'en reste pas moins que certaines de ses observations sonnent justes à l'heure actuelle. Les incessants débats sur la laïcité de ces dernières années surprennent parfois une Polonaise qui envie à la France sa loi de 1905, dont la lettre paraît précise. Quand on quitte une théocratie, ce qu'est devenue la Pologne à partir de 1989 avec l'introduction du catéchisme dans les écoles publiques, l'inscription du respect des valeurs chrétiennes dans la Constitution et la présence de la croix à la Diète, la chambre basse du Parlement, on voit en la France une Terre promise où les questions religieuses n'occupent pas le devant de la scène publique et encore moins politique. Elles sont confinées dans la sphère privée. C'est cette disposition qui décide en premier lieu de la *forme* française au sens gombrowiczien du mot, c'est-à-dire de son *masque*, de sa *gueule*, de son expression, grâce à laquelle la France compte s'éviter les conflits confessionnels, garantir la liberté de conscience à tous, mais aussi se distinguer sur l'arène internationale. La forme peut devenir un paradis ou un enfer, dit Gombrowicz dans une discussion avec Dominique de Roux. Un paradis qui autorise le rire, le doute, la caricature, le second degré, la discussion, l'audace et même l'irrévérence. Les Français seraient-ils sérieusement en train de polémiquer sur le droit au blasphème ? S'il est vital aux Polonais de relâcher leur Forme, en d'autres termes de remplacer le catholicisme identitaire et politique par un catholicisme à visage humain, il est tout autant capital aux Français de préserver la leur. Dans un monde à ce point défait, qui peut encore se permettre de négliger la Forme ?

Le souci de l'âme

« Le tempo morbide du progrès », dixit Kolakowski, s'impose partout. On a beau dire en plaisantant que la plus longue frontière de la Pologne, c'est celle avec le Ciel, au-dessous du firmament pulse une société moderne avec ses contradictions et ses peurs, mais aussi ses avantages et ses aspirations. L'espoir du meilleur vient toujours du regard admiratif que la moitié de la Pologne pose sur l'Europe, et entre autres sur la France. Cette partie de la Pologne qui refuse de payer les frais du mariage du trône et de l'autel semble toutefois consciente que, d'une part, imiter la France n'est pas possible et que, de l'autre, ce n'est peut-être pas souhaitable. Une transition économique des plus brutale, l'adhésion à l'Union européenne, l'ouverture des frontières ont libéré une énergie phénoménale et énormément d'opportunités, sans avoir empêché de produire de nouvelles marges, une Pologne B. La récente renaissance de la gauche polonaise, ou plutôt la naissance d'une nouvelle gauche, portée par une jeune génération d'hommes et de femmes politiques, laisse entrevoir un effort conscient de remettre l'individu au cœur de la politique. Les discours, les programmes, les initiatives s'imprègnent de préoccupations éthiques et morales. Aussi risible que cela puisse paraître en France, on relit pieusement *Thèses sur l'espoir et le désespoir* de Kolakowski et on n'hésite pas à imiter Václav Havel, quand il appelle à ne pas avoir honte d'être capable d'amour, d'amitié, de solidarité et de compassion, dont l'actuel gouvernement, ultra-conservateur, fait si peu preuve. L'ambition, clairement, est de contourner les erreurs de l'Occident, fabriquant des individus désolés, au sens arendtien du mot : sans repères, sans références à aucune tradition, sans possibilité d'être soi-même, de s'appartenir et d'appartenir à la cité. Les risques et les menaces ne viennent pas d'ailleurs, pas de l'Amérique ou du Pakistan, mais des individus désolés.

In fine, le grand défi contemporain, utopiste, donc nécessaire à relever, consiste à enchanter le monde que nous habitons, mais aussi à apprendre à penser contre soi, et à se soucier de son âme, ce qui n'est rien d'autre que le principe fondateur de l'Europe, comme nous le rappelle Jan Patočka, en évoquant la métanoïa socratique : « Le souci de l'âme signifie : la vérité n'est pas donnée une fois pour toutes, elle n'est pas non plus l'affaire simplement de la contemplation par la pensée, mais bien la praxis de la vie intellectuelle, qui la vie durant se sonde, se contrôle et s'unifie elle-même. (5) » Familiers de l'idée que la Pologne puisse exister aussi bien que soudain disparaître, les Polonais semblent mieux disposés à prendre soin de leur âme que les Français de leur Forme, qu'ils ont la légèreté de considérer comme éternelle.

1. Sondage Viavoice pour *Communic'Art*, in *Le Journal des arts* du 4 février 2021.
2. Sondage Ifop pour *Charlie Hebdo* du 1er septembre 2020.
3. Andrzej Bobkowski, *Douce France*, Libretto, 2015.
4. Witold Gombrowicz, *Journal, tome I, 1953-1958*, Gallimard, 1995, et *tome II, 1959-1969*, Gallimard, 1995.
5. Jan Patocka, *L'Europe après l'Europe*, Verdier, 2007.

UN PEU PLUS TARD, ET PLUS À DROITE…

› **Marin de Viry**

Jean-Patrick K. (un haut fonctionnaire qui souhaite garder l'anonymat) – Bon, j'ai des tuyaux : à l'Élysée ils viennent d'adopter une ligne. Ils vont la surjouer rencontre d'un homme exceptionnel et d'un pays formidable. Lui : le seul capable d'unifier, de transcender, de faire sourire, de faire rêver, de rassurer, d'assurer. Je sais, ça a l'air bateau comme ça, mais tout est dans l'intensité, la force, le niveau sonore, la spectacularisation de son babil irénique transformé en discours formidable. À ce degré-là de distance avec le reste des candidats, ce n'est même pas du « seul » dont ils vont faire la pub, car la notion de « seul » supposerait qu'il pourrait y avoir une idée – même abolie – de deuxième, une velléité d'un autre possible, l'ombre d'une présence virtuelle, d'une compagnie lointaine, d'un entourage en fond de tableau, d'une concurrence dans les limbes ; non, le positionnement, c'est l'Unique, le Choisi, le Sans-Pareil, le planant solitaire dans le vide sidéral, qu'on montre de l'index en le suivant dans le ciel des idéalités. Quant au pays, ils ne vont pas faire le moindre diagnostic, ils vont dire qu'il est dynamique, divers, doué, conquérant, sympa, stylé, érotique, amoureux du leader. Ils vont nous raconter une passion. Un mariage de rêve. Un ensemencement de la terre des hommes par la pensée d'un demi-dieu. Tous, nous l'aimons seul. Tout ce qui est en dehors de cette union : ténèbres, cata, déréliction, errance dans une grande plaine plate, en feu, polluée. Ça va être une campagne sérotonine, avec un fond grec, un connoté Cyclades. Tout le monde sur le *dance floor*. Un amour d'été flamboyant, qui dure. J'ai réussi à avoir leurs idées de *punchline* : « *Love at first sight* », « *Vamos a la playa* », « En voiture Simone ». Représentons-nous l'union mystique de Sacha Distel et des Japonais, pour avoir un début d'idée. Pour la musique, une synthèse de Theodorakis et de Wagner. Une pêche dingue sur fond de culte profane. Côté profil perso du candidat-président, je sais qu'ils travaillent sur une fusion entre de Gaulle et Julio Iglesias, avec les meilleurs, débauchés de Netflix. Ils vont aussi façonner son côté couple iconique, limite pub The Kooples. Vincent Cassel et Tina Kunakey, mais à l'envers. Vous pouvez pas savoir ce que ça va être cool. Côté pays, ils sont sur une ligne « France de classe mondiale » : il n'y a pas de problèmes, il n'y a que des obstacles qu'une *team* bleu-blanc-rouge va lever grâce au *leadership* inspirationnel de l'Élu. Champ lexical : inclusif, trans, mais totalement compatible ménagère. Thématiques : chardonnay bio et processeur quantique. Fusion nucléaire et rap accordéon. Subjonctif imparfait et *business slang*. Je ne vous fais pas l'article plus longtemps. Ils sont très forts. Des magiciens. Je serais nous, face à ce culte post-moderne de la personnalité, je me bougerais.

Marin de Viry est critique littéraire et enseignant en littérature à Sciences Po. Dernier ouvrage publié : *L'Arche de mésalliance* (Éditions du Rocher, 2021).
› marininparis@yahoo.fr

Yves Tapedur (chef de la cellule idées de la droite de la droite) – Jean-Patrick, au prochain propos laudatif pour notre adversaire, donc défaitiste, je te sucre ton budget déjeuners en ville, t'as compris ? Tu me craches ta source ?

Jean-Patrick K. – Du béton. C'est Valériane Petitpoisson, la cousine d'Ombeline de Grandpoussin, qui vient de prendre la tête de la *team* strat' du président. Valériane hait Ombeline. Ça remonte à l'été 2012, au cours d'une soirée à Saint-Trop' où j'étais et où…

Yves Tapedur – O.K., O.K., O.K., on s'en fout. Et il va dire quoi, le président, sur les trucs réels ?

Jean-Patrick K. – Les trucs réels ?

Yves Tapedur – Tu sais, la planète qui crame, l'*hubris* des mahométans, rien qui marche, tout qui roule à l'abîme.

Jean-Patrick K. – Ben il va dire qu'il n'ignore pas les problèmes mais que la formidable inventivité de la *team* France sous son *leadership* de folie va les régler dans l'enthousiasme.

Yves Tapedur – D'accord, mais il va être un peu plus spécifique ?

Jean-Patrick K. – Non. Il va laisser la gauche parler des salaires et des phoques, nous disserter de la dangerosité des mollahs hagards qui veulent nous tuer, les LR essayer sans succès de retrouver leur surmoi perdu, et puis viendra un moment de controverse où il dira : les mollahs hagards + les salaires + les phoques + les paumés, ça ne fait pas une grande politique ambitieuse pour un grand pays merveilleux, bande de nains. Il va faire le trou.

Yves Tapedur – O.K. Bon. Dis-moi d'abord ce que la notion de phoques recouvre dans ton esprit, s'il te plaît, puis faisons un tour de table sur la force de ce positionnement par rapport à ses concurrents, dont nous.

Jean-Patrick K. – Sous la notion de phoques, je mets la cause animale, la terre, le bio, le climat, les arbres, la transition énergétique, les vélos, Anne Hidalgo, etc.

Yves Tapedur – Ah. Merci Jean-Patrick. Ta pensée nous est vraiment utile, et tes métaphores nous font gagner du temps. Mon général, commencez le tour de table.

Le général d'Ancrabe (deuxième section) – Le théâtre des hostilités est à la fois divers et complexe, et l'ennemi principal joue l'effet de sidération pour enfoncer nos lignes. Commençons par l'ennemi négligeable : à gauche, s'ils continuent, ils vont avoir dix candidats qui feront chacun 3,33 % en moyenne, ce qui leur permettra de faire le plein tout en étant éliminés… Ils vont avoir un côté éclaté, pousse-cailloux démagos, ravis de la crèche européenne, traîtres tièdes. Je dirais qu'on n'a à craindre d'eux que les petits éclats du champ de bataille… Et encore…

Jean-Patrick K. – Enfin un truc bon pour nous.

Yves Tapedur – Tais-toi Jean-Patrick. Tais-toi. Bon mon général, dix que multiplient 3,33 %, ça fait un tiers. Restent 66,66 % à partager entre le président et nous.

JEAN-PATRICK K. – Arrête de l'appeler le président, ça me rend nerveux. S'il reste président, je reste commissaire du gouvernement au haut observatoire de l'inclusion dans les zones d'éducation prioritaire. Le poste le plus pourri qu'on puisse offrir à un administrateur civil hors classe. En fait, je crois qu'ils m'ont repéré.

YVES TAPEDUR – Arrête de chialer. Laisse notre ami le général d'Ancrabe terminer.

LE GÉNÉRAL D'ANCRABE – Et à notre gauche à nous, c'est-à-dire à droite vu des journalistes, entre les mecs de droite mais de gauche, ceux de centre-droit qui se durcissent, et puis le profil Zemmour... On a de la concurrence, on peut être virés au premier tour. On a beau balayer l'hypothèse, on balaie, on balaie... L'hypothèse reste.

JEAN-PATRICK K. – On balaie mais on n'aspire pas ! Ah ah ah.

YVES TAPEDUR – Le prochain qui sort une vanne, je te le me... Bon. Igor : état de l'opinion à l'égard de notre présidente, s'il te plaît.

IGOR (GRAND SPÉCIALISTE DE L'OPINION) – Oh rien n'a bougé depuis trois ans, c'est d'une stabilité formidable. Nulle en économie. Brouillonne, limite inculte, sur le régalien. Suspecte de virer au Chamallow sur la question de l'identité. Floue sur l'Europe. Flippante sur le social. En mineure, népotiste. Mais plus sympa qu'avant et bien dure dure sur le sécuritaire.

YVES TAPEDUR – Les gars, il faut bien comprendre que c'est un *full-time job*, d'avoir l'air sympa et de rester bonne sur le sécuritaire. Elle n'a pas le temps pour le reste.

JEAN-PATRICK K. – En effet hier encore elle croyait qu'Alstom fabriquait de la pâte à tartiner.

YVES TAPEDUR – Il y a parmi nous un traître qui ne l'a pas abonnée au *Financial Times*.

JEAN-PATRICK K. – Son anglais...

YVES TAPEDUR – Oui je sais. On n'a qu'à demander aux Russes de nous filer en douce un interprète franco-anglais.

JEAN-PATRICK K. – Aux Biélorusses, c'est plus discret.

YVES TAPEDUR – J'appelle Minsk.

Jean-Patrick K. – Minsk, ce n'est pas la Lituanie ?

Yves Tapedur – Mais non, c'est Erevan la Lituanie. Bon on s'en fout de ces détails, on est des grands stratèges, ne perdons pas notre temps. Qu'est-ce qu'on fait avec notre ex-méchante devenue sympa contre un mec aussi solaire que tu le dis, Igor ? Et j'ajoute : contre le genre de mec qui dit ce qu'elle disait quand elle était méchante, genre Zemmour ? Hein, qu'est-ce qu'on fait ?

Igor – Je ne vois qu'une ligne. Prôner le redressement sympa. La France aux Français. Le sympa aux sympas. Tu vois, un mouvement sémantique qui mélange le gentil avec le méchant.

Yves Tapedur – Oh là là, c'est faible bordel, c'est faible. Travaille un peu ton champ lexical : « sympa », c'est dix fois moins fort que solaire. Oh là là, on est mal barrés. Je vois pas l'angle. Tu imagines ton truc qui va être décrit comme le fascisme gentil, c'est-à-dire ni vraiment facho ni vraiment gentil, face à l'autre qui va coller la berlue aux Français, et l'autre encore qui va nous sucer nos partisans les plus déterminés ?

Le général d'Ancrabe – Je propose qu'il n'y ait pas d'angle particulier, mais qu'on le marque à la culotte. On met toute l'équipe en défense. On ne laisse pas d'air aux attaquants. On pourrit ses *corners*. On ne le laisse pas centrer. On joue tout le temps à la limite du carton rouge. On attend le contre. Exemples : lui, c'est les lambris / nous, c'est le fumier. Lui, c'est un fumeur de moquette / Elle, c'est une pousseuse de Caddie. Eux, ils sont Jacuzzi / Nous, on est cages d'ascenseur. Lui, *fake* abominable / Nous, vrai réel. Bref, la guerre de rues, le corps-à-corps, la baïonnette, la grenade, le poing américain. On va lui démonter son feuilleton, foutre le feu aux coulisses, le…

Yves Tapedur – … Vrai réel… vrai réel… J'ai beau répéter, je n'arrive pas bien à capter… Bon… Dis, mon général… tes métaphores de consultant football, tu vois, je ne sais pas si elles sont vraiment… Et ton truc de tapisser le débat de morsures de roquets, de sortir les canifs de scout dans des impasses mal éclairées… Tu ne trouves pas que ça ressemble furieusement au débat du second tour de la dernière fois ? Tu te souviens de la grande réussite, hein… D'ailleurs on est au pouvoir, hein, c'est pour ça qu'on rame un peu côté idées, on s'est un peu assoupis sous les lambris… Non mais les mecs… Réveil… Roquet un jour, dans l'opposition toujours… Non mais les mecs, on n'y est pas du tout.

Evéa (sous-préfète en disponibilité) – … Alors moi je suis une fille.

Yves Tapedur – D'accord mais j'entends « mecs » au sens neutre et général.

Evéa – Alors emploie le mot « hommes ».

Yves Tapedur – D'accord mais si je dis « non mais les hommes », ça ne sonne plus pareil. Et puis on n'est pas au sommet du RN dans des réunions de haut niveau pour s'emmerder avec des trucs byzantins afin de ne pas vexer les nanas, ça suffit à la fin ! Et puis tu sers à quoi, Evéa ? T'étais supposée amener ici le fumet du terrain, une bonne odeur de cheval, des idées agricoles, et tu fermes ta gueule jusqu'à ce que tu l'ouvres pour protester contre les mots que j'emploie ! Si on continue comme ça…

Evéa – Attends, je l'ouvre, Yves. On avait une double certitude : être en finale et la perdre. Nous n'en avons plus qu'une : ne pas être en finale.

Yves Tapedur – Traîtresse. T'es privée de sondages. T'es privée de déjeuners. T'es privée d'investiture.

Evéa – Tu vois, quand tu es complètement paumé, tu retrouves l'emploi du féminin.

FLAUBERT À L'ÂGE DE L'ANTHROPOCÈNE

› **Bruno Chaouat**

En juillet 2019, en Norvège, un fait divers passa relativement inaperçu : 200 rennes furent retrouvés morts de faim à cause du réchauffement climatique. On ne compte plus le nombre d'espèces animales qui s'éteignent chaque année. Depuis 1970, l'homme aurait contribué à la disparition de 60 % des populations animales.

Dans *Le Principe responsabilité* (1979, pour l'édition originale en allemand), le philosophe Hans Jonas proposait un nouvel impératif catégorique : « Agis de façon que les effets de ton action soient compatibles avec la permanence d'une vie authentiquement humaine sur Terre. » Ce livre avait été écrit avant les constats alarmants concernant le réchauffement climatique. Dans *Pour un catastrophisme éclairé*, le philosophe Jean-Pierre Dupuy suggérait que Jonas (Hans) prenait la relève de Jonas (le prophète biblique) : « Hans Jonas est comme le Dieu du livre de Jonas. Il prophétise – fait prophétiser, dans le cas de Yahvé – l'avenir expressément afin qu'il ne se produise pas. » Ce que Dupuy appelle « catastrophisme éclairé », c'est précisément cela : prédire le pire afin de l'éviter.

Bruno Chaouat est professeur de littérature à l'université du Minnesota, aux États-Unis. Dernier ouvrage publié : *L'Homme trans. Variations sur un préfixe* (Éditions Léo Scheer, 2019).

Il se pourrait, toutefois, que nous ne faisions que revivre l'imaginaire de l'Apocalypse. Peut-être ne nous appartient-il pas de prétendre que nous pouvons prédire l'avenir, et peut-être les prophètes de malheur et autres cassandres auront-ils tort. Après tout, depuis les temps bibliques, la fin du monde est annoncée : les millénarismes religieux se spécialisent dans l'Apocalypse. À cet égard, Pascal Bruckner a récemment brocardé le « fanatisme de l'Apocalypse » lisible dans la rhétorique de l'écologie profonde souvent compromise avec de nouvelles formes d'obscurantisme. Nul doute que la rhétorique de la certitude ressortit davantage à la religion politique qu'à la raison. La certitude à l'égard de l'avenir est rarement signe d'une pensée rationnelle. Il n'en reste pas moins que le « catastrophisme éclairé » me paraît la seule option envisageable pour notre salut collectif. Nous vivons en effet à une époque où la science et la raison, et non pas seulement la foi ou la superstition, prédisent la catastrophe à venir. Notre situation est à cet égard sans précédent.

Prenant acte de cette situation, la philosophe Corine Pelluchon nous invite à repenser l'humanisme à l'âge du vivant (1). Plutôt que de rejeter les Lumières comme certains mouvements antimodernes le préconisent aujourd'hui, il s'agirait de retrouver une raison dévoyée par l'hybris de la technique et de la mise en coupe réglée du monde. La logique productiviste, ce qu'on appelle la « croissance », non réductible aux démocraties libérales, est, comme l'écrivait Leo Strauss, une logique de guerre :

> « Si les sociétés "croissent", rien ne nous garantit qu'elles ne prendront pas à d'autres la lumière du soleil. Celui qui prêche la "croissance" sans penser au terme de la croissance, à la limite au-delà de laquelle il ne peut y avoir de croissance, prêche la guerre. (2) »

On y entendra un écho du mot célèbre de Pascal : « C'est là ma place au soleil. Voilà le commencement et l'image de l'usurpation de toute la terre. » Emmanuel Levinas s'inspirera souvent de ce mot de Pascal pour évoquer les risques inhérents à une pensée de l'être et de sa croissance sans fin, indifférente à l'autre.

Il nous faut donc sortir de cette logique de croissance et d'usurpation sans abandonner la raison. Peut-être est-il également urgent de regarder les vivants d'un autre œil : non plus selon une dialectique héritée de Hegel et des philosophies de la totalité, comme objet de notre jouissance, ou ressource intarissable au service de l'homme, mais comme altérité vulnérable. Le défi aujourd'hui serait de se laisser « prendre en otage » non seulement de l'autre homme (Levinas), mais de l'animal qu'on a longtemps privé de visage, sans sombrer dans le sentimentalisme et le pathos de l'idéologie écologiste et de l'antispécisme.

Le conte de Flaubert indique la limite de la domination de l'homme sur l'ensemble du vivant

Il y a quelque chose d'étrangement familier à relire *La Légende de saint Julien l'Hospitalier* de Flaubert à la lumière de ces quelques remarques et de notre sinistre actualité écologique.

En 1877, lorsque Flaubert publie ses *Trois Contes*, l'empire colonial français est à son apogée, la révolution industrielle est, depuis un siècle, irréversiblement engagée, les chemins de fer balisent l'Europe. Rien ne peut plus arrêter la grande accélération de la civilisation technique. Certains parlent de l'émergence d'un âge nouveau, l'anthropocène, le règne sans partage de l'homme sur le vivant. Jamais l'humanité n'avait à ce point imprimé sa marque sur le monde, jamais le mot de Descartes ne fut plus approprié : l'homme est devenu « comme maître et possesseur de la nature ». Le conte de Flaubert indique, avec la candeur de l'allégorie, la limite de la domination de l'homme sur l'ensemble du vivant.

Rappelons l'histoire de Julien, que Flaubert adapta, peut-être comme un simple exercice de style, de la vie des saints et d'un vitrail de la cathédrale de Rouen. Julien grandit dans un château, chéri de ses parents. On lui prédit un avenir hors du commun. Enfant, à l'église, importuné par une souris blanche, le petit Julien la tue. Quelque chose alors bascule chez l'enfant soudain emporté par une jouissance macabre : tuer tout ce qui vit, *zôê*, la vie animale. De l'oiseau au sanglier, du sanglier au cerf, cette soif de carnage se révèle insatiable.

Le conte de Flaubert décrit donc, dans le premier tableau du triptyque, ce qu'il faut bien appeler un « zoocide » : « Le pigeon, les ailes cassées, palpitait, suspendu dans les branches d'un troène. La persistance de sa vie irrita l'enfant. Il se mit à l'étrangler. » C'est l'effort de l'animal de persévérer dans son être qui « irrite » l'enfant. Tout ce qui n'est pas homme n'a pas droit de cité. Le prédateur humain s'arroge la souveraineté sur l'ensemble du vivant et entend régner seul sur le royaume terrestre. *Anthropos basileus*, l'homme est roi de la création. Et comme le souverain de Carl Schmitt, il décide de l'exception et du droit de laisser vivre ou de donner la mort.

Les bêtes « tournaient autour de lui, tremblantes, avec un regard plein de douceur et de supplication ». Aveugle et sourd à l'appel de *zôê*, au regard même des bêtes,

> « Julien visait, tirait ; et les flèches tombaient comme les rayons d'une pluie d'orage. Les cerfs rendus furieux se battirent, se cabraient, montaient les uns par-dessus les autres ; et leurs corps avec leurs ramures emmêlées faisaient un large monticule qui s'écroulait, en se déplaçant. Enfin ils moururent, couchés sur le sable, la bave aux naseaux, les entrailles sorties, et l'ondulation de leurs ventres s'abaissant par degrés. Puis tout fut immobile. (3) »

Cette immobilité fait frémir, comme un silence de fin du monde.

La suite du triptyque se déroule comme dans une tragédie antique, alors qu'un cerf tenant lieu de l'oracle de Delphes prédit au chasseur ivre de ce sang que les Romains nommaient *cruor* et d'où vient notre cruauté : « Maudit ! maudit ! maudit ! Un jour, cœur féroce, tu assassineras ton père et ta mère. » Flaubert a cette phrase saisissante, qui tombe comme un couperet : « Les bêtes manquant, il aurait voulu massacrer des hommes. » Tant il est vrai qu'il existe un *continuum* entre la jouissance de l'enfant à tuer les bêtes et le fantasme de toute-puissance du pervers. Une vingtaine d'années plus tard, Joseph Conrad, par la voix de Kurtz, cette personnification de la perversion des Lumières en conquête coloniale, écrivait : « Exterminez toutes les brutes. » On est passé de la chasse à courre à la chasse à l'homme et aux guerres modernes que justifie la civilisation technique la plus performante... On se souvient que Francis Ford Coppola transportera génialement *Au cœur des ténèbres* dans les forêts du Vietnam, avec Marlon Brando dans le rôle de Kurtz.

Julien, aveuglé par sa passion, accomplira la prophétie du cerf, et assassinera ses parents, selon cet enchaînement de péripéties et d'erreurs tragiques : de retour d'une ultime chasse, il trouve son père et sa mère endormis dans son lit, venus le retrouver après des années de séparation, et les prend pour sa femme et son amant. Il faut ici relire le chef-d'œuvre d'Élisabeth de Fontenay, *Le Silence des bêtes*, où la philosophe rappelait que « l'inévitable meurtre des parents invite à méditer sur un mot de Lacan sur la technique : elle serait moins prométhéenne qu'œdipienne, puisque aussi bien les hommes qui la servent ne savent pas ce qu'ils font ». Et Élisabeth de Fontenay ajoutait : « La chasse représente peut-être, dans un Moyen Âge de vitrail, quelque chose qui déjà, du temps de Flaubert, commençait à devenir abattage industriel. (4) » Ce déplacement de Prométhée à Œdipe est troublant : car si le philosophe Günther Anders dès la fin des années cinquante décrivait, dans *L'Obsolescence de l'homme*, ce qu'il appelait la « honte prométhéenne », à savoir l'humiliation de l'homme par ses propres instruments, plus parfaits, plus performants que lui, le même Anders, dans son combat obstiné contre la bombe H, montrera l'aveuglement de Prométhée. L'homme technique fabrique des instruments qui se retournent contre lui : il ne sait pas ce qu'il fait. Notre temps, Anders le nommait celui de la « machine-monde », ce temps où le monde est devenu machine et l'homme objet de sa propre technique. Il existe donc un lien entre ce que nous faisons au vivant et l'aveuglement de la technique, entre l'hybris de Prométhée et la cécité tragique d'Œdipe.

C'est alors que Julien commence une vie de renoncement, qui le mènera sur le chemin de la sainteté. Délesté de ses biens, mendiant sa vie, l'ascétique Julien devient marinier. Répondant à l'appel désespéré d'un lépreux, il l'emporte dans sa barque, l'accueille, le nourrit, le réchauffe de son corps. Le lépreux se transfigure alors en Jésus.

Étreindre le lépreux, c'est accueillir la vie nue, dans ce qu'elle peut avoir de plus humble, et même de plus repoussant. Le lépreux, au ban de la civilisation, a quelque chose de la brute. Mais à l'impossible nul, hormis le saint, n'est tenu. Il ne s'agit pas d'étreindre le lépreux, et nous ne croyons plus aux légendes dorées, aux cerfs messagers de Dieu, ni aux transfigurations des lépreux en Christ. Il n'en demeure pas moins que le conte de Flaubert nous exhorte contre nos pulsions les plus noires, celles qui sont responsables de l'état où nous avons mis notre maison terrestre, faune et flore, et nous invite à entendre la supplication et à voir le « regard plein de douceur » des bêtes. Si les bêtes pouvaient parler, elles nous diraient que, dans notre indifférence ou notre cruauté envers le vivant, nous avons déjà tué père et mère, c'est-à-dire le principe même des générations futures.

1. Corine Pelluchon, *Les Lumières à l'âge du vivant*, Seuil, 2021.
2. Cité dans *Les Lumières à l'âge du vivant*, *op. cit.*, p. 56.
3. Gustave Flaubert, *La Légende de saint Julien l'Hospitalier*, in *Trois Contes*, Gallimard, 2003.
4. Élisabeth de Fontenay, *Le Silence des bêtes*, Points, 2013, p. 51.

DOSSIER

MAURICE GENEVOIX, LE DERNIER SOLDAT

DE LA RUE D'ULM AU PANTHÉON, MAURICE GENEVOIX, ÉCRIVAIN DE GUERRE

› **Laurence Campa**

À quoi songe le jeune Maurice Genevoix lorsqu'en 1912 il franchit les portes de l'École normale supérieure, rue d'Ulm, où se forme l'élite académique de la République française ? Brillant élève, ce fils de commerçant de 23 ans a quitté sa Loire natale pour la khâgne du lycée Lakanal de Sceaux. Reçu premier au concours de la célèbre école en 1911, il vient d'achever une seule année de service militaire à Bordeaux. Sa voie semble tracée : dans le sillon de ses illustres aînés, il deviendra un bon universitaire, peut-être même un ponte, binocle, faux col et front studieux. Pour commencer, il s'engage dans un mémoire de maîtrise sur le réalisme de Maupassant. S'il apprécie le symbolisme qui jette ses derniers feux, plus lui plaisent la langue lumineuse et le sens aigu de l'observation chez l'auteur d'*Une vie*. Le reste du temps, il profite de sa jeunesse ardente, noue des amitiés solides et participe à la traditionnelle revue jouée par les potaches de première année, la bien-nommée *Revue des Deux Mondes* ! Au cours de ses promenades, il

Laurence Campa est chercheuse, professeure à l'université Paris Nanterre. Dernier ouvrage publié : *Poètes de la Grande Guerre* (Classiques Garnier, 2020).

passe devant le Panthéon tout proche où reposent Voltaire, Rousseau et Hugo. Une telle postérité ne lui viendrait pas à l'idée ; il n'en a pas même le désir – et sans doute, ne l'aura-t-il jamais…

Le 11 novembre 2020, les cendres de l'écrivain Genevoix entrent au Panthéon lors d'une cérémonie sans public, « à distance » comme on dit en ces tristes temps de Covid, conçue pour les caméras et les écrans. Quelques jours auparavant, elles ont quitté le cimetière de Passy pour transiter par Les Éparges, dans la Meuse, où les honneurs républicains et militaires ont été rendus au combattant, puis par l'École normale supérieure de la rue d'Ulm, veillées par la Garde républicaine. Ainsi se poursuit un itinéraire séculaire dérouté par la Grande Guerre et qui, malgré l'apaisement procuré par les prix et les honneurs d'une longue carrière littéraire, n'aura cessé d'en porter les stigmates. Ainsi commence une vie nouvelle, de « grand homme » reconnu par la patrie. Pour quelle grandeur et pour quelles servitudes ?

La ligne s'est brisée en août 1914, à l'entrée en guerre, quand le jeune normalien réserviste est appelé sous les drapeaux comme des millions d'hommes. Adieu l'agrégation… Le sous-lieutenant Genevoix et le 106e régiment d'infanterie participent, sans le savoir, à la bataille de la Marne puis marchent sur Verdun avant de prendre position aux Éparges à partir de février 1915. Les assauts répétés, les troupes décimées, les supplices de Tantale imposés par l'entêtement du commandement épuisent l'endurance de l'officier et de sa troupe, qui nouent un lien vital que rien ne saurait entamer.

Le 25 avril 1915, dans le même secteur, trois balles fauchent le lieutenant Genevoix, deux lui sectionnent l'artère humérale gauche, l'autre lui passe entre les côtes. Ses hommes l'évacuent au péril de leur vie. Le jour même, juste en face, le lieutenant Ernst Jünger reçoit le baptême du feu de sa première blessure.

Invalide à vie, Genevoix peine à se refaire une santé. Souffrant atrocement, la peau sur les os, il s'inquiète de ses camarades restés là-bas et pleure ceux que le *maelström* meusien a engloutis. À Châteauneuf-sur-Loire, où il est rentré, il écrit le récit de sa guerre, sans fard, sans ambition littéraire, à partir de ses carnets noircis sur le front aux heures d'attente et de répit. Quand il découvre le texte, le secrétaire de l'école, Paul Dupuy, l'encourage à poursuivre et à publier. *Sous Verdun* paraît chez Hachette en 1916, remarqué par le jury du prix Goncourt, qui couronne *Le Feu* d'Henri Barbusse et *L'Appel du sol* d'Adrien Bertrand.

Mais ce premier volume, qui couvre la période du 25 août au 9 octobre 1914, ne peut suffire au jeune écrivain. Il faut aller jusqu'au bout, peindre les hommes, leur donner la parole, leur rendre hommage. Faire sentir l'odeur de la poudre et des charniers, écouter le cri de la terre éventrée, l'agonie des bêtes blessées. Retrouver la patience des longues nuits sans sommeil, les rares instants de joie, la succion de la boue, interpréter tous les bruits, tous les signes de la pénombre et de la fournaise. Aller jusqu'au bout en revivant la mort de l'ami Robert Porchon, sous-lieutenant saint-cyrien tombé le 20 février 1915. En racontant les trois balles qui ont changé sa vie et le font écrivain. Penser à Maupassant tout en restant soi-même. Parler des autres sans s'appesantir sur soi.

Les volumes se succèdent, *Nuits de guerre* en 1917, *Au seuil des guitounes* l'année suivante, *La Boue* en 1921, *Les Éparges* enfin en 1923. Neuf mois d'épreuves devenus près de mille pages. Le cycle s'achève, mais la guerre de Genevoix, elle, n'aura pas de fin. Sur les rives de sa Loire natale, l'écrivain chante les champs et les bois, les hommes rudes et libres, en des « romans-poèmes » que la violence essentielle de la vie hante cependant (*La Boîte à pêche*, 1926). Malgré le succès, il reste fidèle à la communauté vétérante en participant aux commémorations et en œuvrant pour le Mémorial de Verdun, dont il devient président-fondateur. En 1929, le critique franco-américain Jean Norton Cru, lui-même ancien combattant, le déclare « plus grand peintre de la guerre » dans son ouvrage *Témoins*. Lisant Genevoix, il a tout revécu, tout ressenti, s'est lui-même reconnu dans cette expérience partagée… Pas comme chez Barbusse, dont *Le Feu* lui paraît controuvé… Norton Cru contribue ainsi à faire de Genevoix un classique de la littérature de la Grande Guerre.

Tels beaucoup d'autres récits d'écrivains-combattants, ceux de Genevoix cherchent la vérité, l'authenticité : l'épreuve est trop grave pour qu'on la pare des oripeaux de la littérature ou qu'on amplifie sa pauvre personne. Pas d'héroïsme, pas de gloire, pas de grands hommes dans cette guerre trop grande. L'événement lui-même n'a pas besoin d'être augmenté (sauf par la propagande) mais, au contraire, il a besoin d'être ramené aux justes proportions humaines pour se dire et se comprendre. De simples gens donc, qui vivent à leur propre hauteur, modestement, dignement, y compris le témoin. Des personnages qui parlent avec leurs propres mots. Ton, tournure, accent, tout y est simplement, pleurs et plaintes, rires et colères, pas lourds ou prompts, courbure de l'échine, poignée de main. Chaque vie, même minuscule, est là aussi : l'étoile incertaine, la plante poussive, le trille lointain de l'oiseau, le vent qui tousse dans la poussière.

Contre l'héroïsme obsolète ou la victimisation à outrance, la dignité d'un patriotisme lucide

Vivre n'est-il pas survivre ? Écrire n'est-il pas vivre avec la mort ? De *Sous Verdun* à *La Mort de près* (1972), en passant par *La Dernière Harde* (1938), *Tendre Bestiaire* (1969) et *Trente Mille Jours* (1980), chaque livre de Genevoix, qu'il soit de guerre ou de paix, contient cette quête et ces questions.

Au fil du temps, le choix de la vie malgré tout, sa bienveillance, son courage ont offert à Maurice Genevoix de nombreux lecteurs et admirateurs. Quant à sa langue, sobre, élégante, équilibrée, elle a aussi fourni matière aux pédagogues : dictées, commentaires, rédactions, Genevoix est un auteur scolaire de l'après-1945. Si l'on ajoute sa proximité avec le général de Gaulle, ses apparitions médiatiques d'académicien rustique et conservateur façon *Jours de France* et le caractère profondément classique de son œuvre, rien ne manque pour provoquer des quolibets de droite et de gauche dans les années soixante et soixante-dix. Romans pour mulots, déclare peu ou prou Dominique de Roux quand Philippe Sollers estime qu'il n'y a pas plus pâle dans toute la littérature française.

Mais ce n'est pas le pire : en pleine guerre froide, les décolonisations, les contestations et les catastrophes de la Seconde Guerre mondiale occultent le souvenir de « l'autre guerre », comme on disait alors. Sensible à cette disparition programmée, Genevoix a entrepris de reprendre et de refondre l'ensemble de ses récits de guerre en un seul volume, *Ceux de 14*, monument de papier en mémoire des camarades connus et inconnus que le temps a blanchis, défaits, ensevelis. S'il reste des voix pour témoigner, la leçon de l'expérience ne sera pas perdue, les fantômes seront apaisés, les morts ne l'auront pas été pour rien. Œuvre pieuse et salutaire.

Cependant, quand le livre paraît en 1949, il est à peine remarqué des milieux littéraires, dont les yeux sont tournés vers la débâcle de Dunkerque, les clivages de l'Occupation, les rescapés des camps nazis et les horreurs du système stalinien. Quant au lectorat, il connaît surtout les œuvres naturalistes de Genevoix, ancrées dans les contrées ligériennes ou inspirées de voyages au Canada et en Afrique. Peu à peu, Genevoix disparaît des livres de classe et sa guerre reflue dans les mémoires.

Jusqu'au seuil des années 1990. Alors que les derniers témoins s'éteignent, la Première Guerre mondiale revient en force à l'esprit des jeunes générations, la littérature renoue avec le récit et l'histoire. À la faveur du prix Goncourt des *Champs d'honneur* de Jean Rouaud (1990) et du renouvellement historiographique, Genevoix reparaît dans les manuels scolaires, en témoin plus qu'en auteur, en modèle toujours.

Vers 2008, la fille de l'écrivain, Sylvie, sa famille et quelques lecteurs fervents ont l'idée de faire entrer l'écrivain au Panthéon alors que le cycle du centenaire approche. Mais le projet n'est pas mûr et la volonté politique manque. Les symboles du sacrifice des Français existent déjà, la tombe du Soldat inconnu sous l'Arc de Triomphe, la plaque du Panthéon honorant les écrivains morts à la guerre de 1914-1918. La démarche est-elle seulement pertinente : ne va-t-on pas régresser vers le culte des grands hommes alors que l'historiographie internationale insiste sur la totalisation du conflit et la mort de masse ? *Ceux de 14* est-il un livre exemplaire ? L'impact de la guerre a été tel sur les auteurs les plus variés qu'on aurait du mal à en trouver un. L'œuvre a-t-elle au moins une résonance suffisante de nos jours ? Le genre très vivace du récit de la Grande Guerre traite aujourd'hui des traumatismes, de la mort et du deuil de masse, des destructions, des atteintes au corps et au psychisme. Qu'il déplore ou conteste, il est d'abord pacifiste. Parole est donnée à des voix jusqu'alors peu audibles ou inaudibles : femmes, enfants, animaux, mutilés, gueules cassées.

Or, contre le refus d'obéissance, Genevoix défend le sens du devoir dans la guerre juste ; contre les rapports de force hiérarchiques, l'osmose de l'officier subalterne avec ses hommes ; contre l'héroïsme obsolète ou la victimisation à outrance, la dignité d'un patriotisme lucide et communément répandu; contre l'autoritarisme et la violence, la pitié, la compassion, l'attention au vivant. Il est pacifiste à la manière d'un vétéran de son temps.

Cette unanimité et ces valeurs guident certainement Emmanuel Macron quand il décide de panthéoniser Genevoix en 2018. Le président veut revivifier l'Union sacrée, celle de la France de l'été 1914, toutes tendances politiques confondues, ce mythe national séculaire ressuscité dans les moments de grande menace, comme les attentats de 2015. Selon son discours du 6 novembre 2018 aux Éparges, tout le peuple en guerre entrera au Panthéon avec Genevoix, « simples soldats, officiers, engagés, appelés, militaires de carrière, sans-grades et généraux, mais aussi les femmes engagées aux côtés des combattants, car ceux de 14 ce fut aussi celles de 14 »: plus qu'un écrivain donc, l'ensemble des Français de l'époque et de leurs descendants, bref la majorité de la France actuelle.

Ceux de 14, l'*Iliade* des Français

La cérémonie du 11 novembre 2020 (d'abord programmée en 2019) a poursuivi ces ambitions. Profondément française, elle draine tout un imaginaire littéraire et culturel. Le discours présidentiel évoque le « clocher », dont *Les Lieux de mémoire* de l'historien Pierre Nora ont montré toute la puissance mémorielle, et surtout la Loire, plus long fleuve de France, comme on l'apprend à l'école. Dès lors se profilent les châteaux Renaissance, François Ier, Bayard et Marignan, mais surtout Rabelais, Ronsard, Du Bellay et la Pléiade, qui, renouvelant la poésie française, ont chanté la « France, mère des arts, des armes et des lois ». Sans oublier Descartes, Balzac et bien sûr, puisque Genevoix vivait non loin d'Orléans, Jeanne d'Arc. « Douce France »... Si l'expression n'est jamais prononcée par le président de la République, comment ne pas penser à cet écho diffus de *La Chanson de Roland* quand le Panthéon est déclaré « palimpseste » de la nation? Ainsi se prolonge la tradition qui lie la nation à ses écrivains, de Voltaire à Malraux en passant par Hugo, et conforte la place de la littérature dans la cité. Même si le risque est grand que la panthéonisation se mue en enterrement de première classe : après une telle célébration, qui lira encore Genevoix hormis les fidèles et les élèves ? Un an après l'événement, il n'en est rien, semble-t-il : si le reste de l'œuvre peut parfois sembler « vieilli », *Ceux de 14* occupe désormais la première place dans l'œuvre de Genevoix et trouve de nouveaux lecteurs.

Avec sa fougue habituelle, l'économiste et chroniqueur Bernard Maris, lui-même auteur d'un essai très réussi, *L'Homme dans la guerre. Maurice Genevoix face à Ernst Jünger* (2013), aimait à dire que *Ceux de 14* était « l'Iliade des Français ». Non une épopée sublime et panoramique, mais un grand texte laïque dans lequel la collectivité peut se reconnaître en dépassant les clivages politiques.

Homme de gauche, esprit libre, ami généreux, Bernard Maris a été sauvagement assassiné lors de l'attentat dans les bureaux de l'hebdomadaire *Charlie Hebdo* en janvier 2015. Il incarnait l'ouverture, la tolérance et la franchise. Je l'avais rencontré en 2008, ainsi que son épouse, Sylvie Genevoix, grâce à un ami commun, l'écrivain Michel Bernard, autre amoureux de l'œuvre de l'auteur. Avec eux, j'ai côtoyé la famille, les enfants de Sylvie, Julien et Charlotte, leurs enfants, les membres de l'association Je me souviens de *Ceux de 14* et beaucoup de passionnés. La présence et les valeurs fraternelles de Genevoix étaient partout sensibles dans la chaleur amicale des échanges et des relations, dans l'atmosphère des Vernelles, la maison familiale près d'Orléans. Sensibles aussi dans l'enthousiasme de Bernard Maris, que l'obscurantisme terroriste a éliminé, comme d'autres victimes notoires ou anonymes, à *Charlie Hebdo*, dans le quartier du Bataclan à Paris en 2015, à Borough Market à Londres en 2017, et dans tant d'autres lieux de France et d'Europe.

Maurice Genevoix savait qu'aucune commémoration ne pouvait « amender » le présent, mais, croyant à la vérité, à la fraternité, à la paix, il espérait que son témoignage de « bon aloi » emporterait la confiance et l'assentiment. Dans sa modestie, il n'imaginait probablement pas que son œuvre deviendrait symbole national, mais il désirait sans aucun doute que son livre demeurât vivant pour que chacun pût y retrouver un peu de lui-même. Au-delà des pompes, des circonstances, des gestes politiques, *Ceux de 14* contribue à fortifier notre humanité toujours menacée.

LA VIE DE PRÈS

› **Michel Bernard**

Il y a dix ans, au mois d'octobre 2011, les éditions de La Table ronde soufflaient la poussière sur un écrivain quasiment oublié en rééditant *La Mort de près*. Troublé par cette méditation sobre et pénétrante sur le passage de soldats à l'agonie vers l'au-delà (le dernier mot du récit), j'affirmai à Sylvie Genevoix que son père était le grand écrivain de la mort. Elle me corrigea, avec cette autorité souriante où se reconnaissait une filiation : « Non, il est le grand écrivain de la vie. » Sylvie avait évidemment raison, qui devait mourir prématurément l'année suivante : la vie, l'insondable et merveilleuse énigme de la vie, est la grande affaire de tous les livres de Maurice Genevoix, du premier, *Sous Verdun,* en 1916, à l'ultime, *Trente Mille Jours,* en 1980.

Mars 1915, aux Éparges :

« Tout près, une batterie de 120 cognait l'air bleu à coups de triques énormes ; et, lorsqu'elle se taisait, des pinsons pépiaient dans les branches de noisetiers. Le printemps nous battait dans la chair. Je regardais à travers le taillis le poudroiement lumineux des jeunes feuilles, les chatons fauves de pollen ; je regardais les yeux de Galibert, trop brillants sous un voile mouillé, la main de Dast qui cherchait à son flanc la chaleur grasse du terreau. Il a arraché une pousse d'herbe neuve et nous l'a montrée en disant : "Ça, c'est de l'herbe." Galibert ne bougeait plus : appuyé sur ses paumes, le visage tourné vers le sol, les yeux attentifs et durs, il semblait regarder quelque chose. Toujours couché, je me suis traîné jusqu'à lui ; et j'ai vu, sur une pierre éclatante de soleil, deux insectes bleus accouplés. »

On trouve la même scène dans *Orages d'acier*. Ernst Jünger, à plat ventre sur le bord de la tranchée, examine longuement, intensément, un coléoptère vaquant à ses occupations. Une différence notable – elle dit beaucoup : Genevoix, lui, observe d'abord un de ses camarades regarder les deux insectes, avant de s'approcher et de se livrer à son tour à la contemplation. La découverte du monde par l'écrivain allemand est aussi, et peut-être avant tout, une introspection. Le regard de Genevoix est entièrement tourné vers l'extérieur, l'autre, ce qui n'est pas lui-même. Il ne cherche ni l'exploration ni l'expansion du moi, puisque tout est donné de l'univers sensible et que l'homme est poreux. Il suffit de vivre, de vivre intensément, tous sens éveillés.

Michel Bernard est écrivain et haut fonctionnaire. Dernier ouvrage publié : *Les Bourgeois de Calais* (La Table ronde, 2021).

Najard, le roi des pêcheurs de Loire dans *La Boîte à pêche*, Raboliot, le braconnier invétéré qui donne son nom au prix Goncourt 1925, avec leur instinct, leur savoir-faire, leur ruse, leur violence, leur cruauté parfois, sont pleinement hommes parce qu'ils ont, par-delà le bien et le mal, hors et en dépit de la société, cette relation intime avec le monde, cette connivence avec le vivant qui les approche mieux que tous les efforts intellectuels de l'insaisissable mystère. La conviction en est enracinée de longue date en Genevoix. Elle préexiste à l'écriture. Elle accède à la lumière dans le tourment de la guerre. L'un des fantassins de *Ceux de 14* annonce d'ailleurs les héros de ces deux romans : Mémasse, le commis de culture illettré, que Genevoix surprend, l'automne venu sur le front de Meuse, en train de chasser entre les lignes, son lebel à la main, à l'aventure. Il sera décapité par un obus au premier combat des Éparges, ce qui donnera cette scène inouïe où un sergent, pour reconnaître le tué, attrape par le passe-montagne la tête décollée et l'élève à la hauteur de ses yeux. On voit le sous-officier, dans son manteau de boue, sous le ciel froid de février, avoir le geste du *Persée* de Cellini présentant la tête de Méduse.

Maurice Genevoix n'était pas loin d'attribuer son sentiment d'être au monde à un ensorcellement de la Loire, le dernier fleuve sauvage de France. En tout cas, le lycée où il fut un excellent élève, fort en thème et indiscipliné, l'École normale supérieure où, premier de sa promotion, il était aussi un champion au billard du café du Panthéon, n'y sont pour rien. L'enseignement a seulement consolidé une aisance avec les mots qui se révélera décisive dans et après la guerre. Elle lui permettra d'amortir et, en quelque sorte, d'apprivoiser les souffrances et les horreurs vécues. Elle lui donnera surtout un moyen de gagner sa vie loin de la ville, loin d'une carrière de professeur, de ses ambitions, ses grandeurs et ses petitesses qui ne signifiaient plus rien pour le survivant. L'élégance, la richesse de son style, sa virtuosité d'écrivain lui assureront le loisir sans prix de vivre en sauvage au bord de l'eau et de s'y épanouir. En 1926, il acheta sa maison, Les Vernelles, une quasi-ruine sur une berge de la Loire, et la releva avec les droits d'auteur de *Raboliot*.

J'ai plaisir à évoquer à nouveau le souvenir de Sylvie dont *La Maison de mon père*, publié en 2001 par Christian Pirot, propose la rencontre la plus vraie, la plus intime avec un écrivain secret. Seul enfant issu de Maurice Genevoix, Sylvie est née aux Vernelles, entre la Loire et les forêts d'Orléans et de Sologne, les deux pôles de l'univers paternel ; le premier coule sans trêve, les arbres meurent et renaissent. À sa fille, il a donné le nom des secondes. Pas exactement, m'avait corrigé Sylvie encore une fois. De ce prénom, son père ne lui confia jamais la raison, pas plus qu'il ne s'étendait sur un passé qu'elle découvrit ou devina en lisant ses livres. C'est dans *Ceux de 14* qu'elle eut la révélation de son origine. Au milieu du dernier livre, à la fin mars, pendant une journée de repos entre deux combats aux Éparges :

> « J'ai flâné dans les bois toute une heure, content de faire craquer les feuilles mortes sous mes pas : car je voyais au bout des branches les bourgeons vernissés se gonfler à craquer, la mousse neuve ramper au pied des arbres, et les anémones poindre entre les pierres soulevées par les éclatements d'obus… »

L'appellation complète de la fleur précoce des sous-bois est : anémone sylvie. Sa fille était née le 17 mai 1944, dernier printemps de l'Occupation avant la fin d'une autre guerre.

On s'interroge à propos de cet écrivain du voir, du toucher, du sentir, cousin de Loire d'une Colette bourguignonne, sur sa croyance. Il ne l'évoque jamais, ou presque, mais la question vient naturellement à le lire. Il n'est pas de lecteur familier de ses livres qui ne finisse par sentir sous les mots de la description, du récit, choisis par l'auteur pour leur précision et leur force d'expression concrète, affleurer une sourde transcendance, puissante, obstinée autant qu'obscure. Genevoix, catholique de tradition – baptême, communion, communion solennelle, mariage, enterrement, Pâques, Noël, toutes occasions de réunions familiales –, n'était pas assidu au culte. Il en respectait les ministres, assistait à la messe irrégulièrement. Pas davantage. « Je demande à Dieu de me laisser L'adorer dans sa Création. » La prière du promeneur : un pas devant l'autre et le regard vagabond, fureteur.

Dans le questionnaire de Proust, il citait saint François d'Assise comme son héros. Il avait eu l'intention dans la dernière décennie de son existence d'écrire un livre sur Péguy. C'est un des rares projets auquel il n'ait pas donné suite. On voit bien ce qui l'attirait dans cette figure. Avec une courte génération de décalage, il en fut le contemporain et suivit son sillon : le lycée Pothier à Orléans, la khâgne du lycée Lakanal à Sceaux, l'École normale supérieure, le Quartier latin, la boutique des *Cahiers de la quinzaine* rue de la Sorbonne, la mobilisation générale en août 1914, la bataille de la Marne… Genevoix aurait sans doute raconté tout cela, y mêlant ses propres souvenirs, parlé de l'affaire Dreyfus comme d'un combat pour la vérité et la justice, contre la politique et l'esprit de parti. Il aurait fallu qu'il parlât de la foi chrétienne du poète tué le 5 septembre 1914 à Villeroy, en Seine-et-Marne. Il aurait évoqué les marches de Paris vers Chartres, sa Vierge noire et le bleu de ses vitraux, à travers la plaine de Beauce, les blés, la cathédrale. Et puis, imaginons…

La résurrection, dans l'œuvre de Genevoix, s'appelle le printemps, la force irrépressible, insurrectionnelle de la vie. L'esprit est dans les choses, on entend par là ce qu'autrefois, à l'école primaire, on appelait « leçon de choses » : le corps humain, les végétaux, les animaux. Les animaux surtout. Non que l'écrivain leur donne la prééminence dans l'ordre de la création, même s'ils sont l'innocence même, alors que l'homme est capable de tout, mais parce qu'ils sont comme des portes vers ce qui n'est pas humain, mais est traversé du même courant de vie. La faculté de l'homme de communiquer avec les animaux, d'établir avec eux une relation de confiance, de coopération, est un don dont on mesure les avantages, rarement la valeur. Genevoix en a une conscience aiguë, elle est au centre de sa vision du monde, de son art poétique. Nos échanges ne sont pas limités au cercle de nos semblables, fussent-ils innombrables. La frontière entre l'humain et le non-humain n'est pas étanche.

Au regard des hommes sur les animaux, correspond celui, non moins attentif, non moins interrogatif, des animaux sur les hommes. Il n'est pas toujours de défiance ou de crainte, en tout cas, il n'est jamais indifférent. La réalité, l'intensité de la relation entre les animaux domestiques et leurs maîtres sont évidentes. Genevoix ne les dédaigne pas, mais ce n'est pas ce qui le retient, ce qui nourrit sa pensée du vivant. Il n'y a pas de dialogue de bêtes dans son œuvre, au contraire une volonté vigilante de se garder autant que possible des séductions de l'anthropomorphisme. Il s'est mis à l'épreuve, il s'est soumis à cette exigence en écrivant *Rroû*, 250 pages pour raconter la vie d'un chat, une prouesse littéraire et une profession de foi.

Son animal préféré, son totem, était ce paradoxe à la soyeuse fourrure. Réplique exacte, à format miniature, du tigre, le chat entretient la plus grande familiarité avec les hommes, la plus grande proximité, sans cesser d'être un animal sauvage, qui reprend sa liberté quand il le souhaite, comme il le souhaite, et peut très bien vivre sans le confort du feu, en se passant des humains. C'est l'option choisie délibérément par le beau chat noir à la fin du livre, quand il se sauve pour ne jamais revenir. Une dernière fois, il se retourne sur la maison et son jardin… « Au ras des tuiles, sur le mur, les yeux de Rroû restent grands ouverts ; non plus les yeux de Rroû, mais deux lueurs immobiles, sans regard, qui veillent au cœur de la nuit. »

Homme ou animal, les yeux contiennent sous leur eau la flamme de la vie, qui s'en va quand ils meurent. Il est peu de livres de Genevoix où l'agonie ne soit traduite par cette image, qui n'en est pas vraiment une, cette lueur qui s'éloigne, se fond dans l'abîme d'un corps bientôt froid. Ainsi, à la fin de *La Dernière Harde*, ce moment où le chasseur enfonce la lance dans le poitrail du vieux cerf :

> « Il regarde les yeux de l'homme. Ses yeux à lui sont grands ouverts ; mais la lumière qui s'y reflète efface sous son rayonnement l'expression de leurs regards. L'homme ne voit que deux reflets dorés, deux lueurs limpides et sans fond dont la douceur le touche au visage. Il n'y peut lire qu'une sérénité mystérieuse, ni souvenirs, ni haine, ni épouvante. Ce ne sont plus les yeux d'une bête vivante, mais deux étroits abîmes de lumière, d'une transparence infinie, insondable, dont l'immobilité l'attire et le fait se pencher en avant. Brusquement, tout son corps tressaille : il a vu les deux lueurs s'éteindre. »

Ce retrait de la lumière, ce fanal fuyant, comme d'un train que la nuit aspire, cet engloutissement dans le corps devenu matière est le même chez les hommes et les animaux. Genevoix n'y voit pas la preuve que l'homme n'est qu'un animal pensant, mais le contraire. La vie animale témoigne, au même titre que la vie humaine et la nature entière, d'une puissance d'être qui échappe à l'entendement et les enveloppe tous ensemble, avec, peut-être, ce que dans les limites de notre langage nous appellerions de la tendresse. C'est notre privilège de pouvoir, dans notre imperfection, nommer ce sentiment, et, comme le fait Genevoix, en embrasser le monde et le trouver beau.

LA MORT DE PRÈS, *UN JOUR* ET *TRENTE MILLE JOURS*, LES LIVRES DE LA MATURITÉ

› **Julien Larere-Genevoix**

Le 11 novembre 2020, Maurice Genevoix est entré au Panthéon en tant que « porte-étendard » de la génération du feu, entraînant avec lui la grande cohorte de toutes celles et ceux de 14, allégorie de la France combattante. Ce n'est donc pas le soldat qui a été honoré mais l'écrivain, qui avait offert à la mémoire de ses frères d'armes l'immortalité des mots, au long des pages de *Ceux de 14* (1).

Julien Larere-Genevoix est avocat, président de la Société des amis de Maurice Genevoix.
› jlgenevoix@orange.fr

Cet événement intervient tout juste quarante ans après sa mort, à 90 ans, le 8 septembre 1980, dans sa maison espagnole de Javea.

La panthéonisation remet en lumière Maurice Genevoix qui était peu à peu tombé dans l'oubli après une vie riche de près de soixante œuvres. En 1970, quarante-cinq ans après le Prix Goncourt, il est consacré par le Grand Prix national des lettres. Élu à l'Académie française en 1946, il en devient le secrétaire perpétuel en 1958. Les lecteurs le connaissent et l'aiment; chacun de ses livres constitue à l'époque un petit événement littéraire.

Après avoir été étiqueté écrivain de guerre, puis naturaliste ou régionaliste, Maurice Genevoix entame, à l'aube de sa dernière décade, un nouveau cycle littéraire, davantage tourné vers l'introspection et le témoignage. Il ajoute à sa bibliographie pas moins de cinq livres: *La Mort de près* (1972), *La Perpétuité* (1974) – pages fraternelles sur les coulisses de l'Académie française –, *Un jour* (1976), *Lorelei* (1978) et *Trente Mille Jours* (1980).

Témoigner et transmettre

La Mort de près est un court récit dans lequel l'auteur revient sur son expérience combattante et son long face-à-face avec la mort. Il ne s'agit plus de raconter la guerre comme dans *Ceux de 14* ou de sauver la mémoire des disparus, mais de revenir sur trois instants parmi les plus vifs d'entre tous. L'ouvrage ne relate aucun épisode absent de *Ceux de 14*, mais c'est le regard de l'écrivain qui leur apporte une nouvelle lumière, toute tournée vers l'intercession et le témoignage.

Après avoir assumé la tâche de poète des martyrs de ses frères d'armes, il lui fallait revenir sur ces événements.

Le livre s'ouvre sur cette phrase qui renferme la mesure de sa mission:

> « Tout homme est solidaire. Il est ainsi comptable de ce qu'il est en mesure de transmettre. Et il l'est dans la mesure même de ce qu'il a personnellement reçu. L'heure est venue pour moi d'y songer. À vrai dire, ce n'est pas d'aujourd'hui. Quelque chose déjà, et qui me dépassait, une prise de conscience obscure, mais vive et forte, avait en ces dernières années orienté ma plume vers une écriture plus directe, plus spontanée, au dialogue avec le lecteur qui ne recourait plus au truchement d'une fiction

romanesque, d'un apologue ou d'une légende imaginés, mais seulement à ma propre mémoire et à mon expérience d'homme. (2) »

Cette plongée dans le souvenir de *Ceux de 14* est à l'évidence une douleur pour l'auteur, qui, devenu octogénaire, convoque le jeune lieutenant des Éparges, après leurs « cinquante-sept ans de survie ».

Dans *La Mort de près* et *Trente Mille Jours,* Maurice Genevoix revient sur les trois balles allemandes qui le touchent au bras gauche et à la poitrine, le 15 avril 1915, en lisière de la tranchée de Calonne. Les pages qu'il consacre à cette grave blessure sont l'expression fidèle de la sidération perçue dans *Ceux de 14*. Dans les deux textes, il insiste sur la différence entre la rapidité de l'instant et la multitude de mots qu'il emploie pour en rendre compte (3).

L'écrivain s'amuse des caprices de sa mémoire, et prend souvent le lecteur à témoin des digressions opérées. C'est sa manière de créer un lien avec lui, de le rendre solidaire de ses hésitations et du cheminement de son œuvre.

Outre le retour sur ces trois moments si proches de la mort, il rappelle l'un des événements prégnants de son enfance, sa première confrontation avec la mort, où il lui avait fallu plonger sa jambe cassée dans une bassine de sang fraîchement versé pour en favoriser la guérison. Il raconte à nouveau cet épisode dans *Trente Mille Jours*, avec la même horreur présente au fond de la conscience.

Alors qu'*Un jour* et *Trente Mille Jours* abordent la question de la foi, il est frappant de constater que Dieu n'apparaît nulle part dans *La Mort de près*. Nulle lumière céleste ne se révèle au lieutenant de 1914 et ce n'est pas auprès de Dieu qu'il cherche le réconfort, comme si Celui-ci avait, désespérément, déserté le champ de bataille. C'est à la nuit pleine d'étoiles que le soldat agonisant se confie. Ou plus exactement à la lueur d'une seule étoile, aperçue dans l'ouverture du rideau séparant les conducteurs des blessés au long d'une route interminable, en immédiate lisière de la mort. À n'en pas douter, cette étoile qui le tient parmi les vivants est aussi le souvenir de sa mère, disparue alors qu'il n'avait que 12 ans – c'est le titre qu'il donna à un court texte qui lui est consacré, *Une étoile entre toutes brillante* (1967). Ce lien, indéfectible malgré la mort, il l'exprime avec beaucoup de force dans *Trente Mille Jours* :

> « C'est ma mère qui m'a rallié, consolé : peu à peu, par mes rêves éveillés et mes songes de la nuit. C'est elle qui peu à peu, patiemment, tendrement, m'a délivré du désespoir et de la sécheresse du cœur ; qui m'a guidé vers une paix sans oubli, consentement à un monde où la mort ne peut rien contre ceux qui se sont aimés. Je le sais, je l'accepte : elle s'est d'elle-même, au long des jours, insensiblement éloignée. Mais je sais bien aussi qu'aujourd'hui comme autrefois, j'entends son pas à mon premier appel. Pas un événement de ma vie dont j'ai été ému ou bouleversé, les grandes joies, les déchirements, ceux qui m'ont exalté ou déçu, les projets, l'œuvre en cours, les amours neuves, les naissances, les nouveaux deuils, pas un auquel elle n'ait été présente, secourable ou heureuse avec moi. Elle sera là, plus proche que jamais, lorsqu'à mon tour je fermerai mes yeux. Elle entendra mon dernier merci. »

L'image de la nuit, froide mais pure, glaciale mais bienfaisante, revient régulièrement dans l'œuvre, comme si l'auteur se rappelait sans cesse cette obscurité meusienne, vécue comme un déchirement mais aussi comme une seconde naissance, vers le monde d'après la guerre. Les nuits pleines d'étoiles dont la Loire est le miroir dans *Rémi des Rauches* (1922), celle encore de la mort du Rouge, cerf de *La Dernière Harde* (1938), où les biches se taisent, dans le reflet de la Lune brillant juste au-dessus d'elles, et toujours celles de *Raboliot* avant la dernière nuit de *Trente Mille Jours*.

À l'occasion de l'inauguration de la cité scolaire de Decize, une longue introspection permet à Maurice Genevoix de définir son œuvre et sa personne :

> « Je vais essayer de vous dire à peu près qui était Maurice Genevoix : un garçon qui, lorsqu'il eut 24 ans, a été embarqué, avec des centaines et des centaines de milliers de jeunes gens de son âge, dans une aventure tragique, effroyable, dans un long tête-à-tête avec la mort, celle des hommes jeunes, celle des autres, et la sienne propre ; et qui a eu la chance, après avoir saigné et souffert d'être enfin rendu à la vie, de ressusciter réellement. Et depuis ce jour-là, il n'a cessé de porter en lui le sentiment pathétique de la vie, de la merveille qu'est la vie, de la richesse du monde qui nous est quotidiennement donné. Voilà, je crois, la clé de son œuvre. Si cette œuvre a un sens, si elle a, comme il le souhaite, une vertu de contagion, d'accession à la sensibilité d'autres hommes ses semblables, c'est là d'abord qu'il faut la chercher. »

C'est désormais pleinement conscient de cette imbrication du vivant et des morts que l'écrivain s'attelle à la rédaction d'*Un jour*, qui tient une place toute particulière dans son œuvre, à la fois dans sa genèse et dans sa forme.

Un jour : un livre testamentaire

En 1973, Maurice Genevoix annonce sa démission du poste de secrétaire perpétuel de l'Académie française. S'il aimait la fonction, il savait que ses charges, auxquelles il est resté soumis pendant quinze années, devenaient chaque jour plus incompatibles avec son besoin d'écrire et son goût profond pour la liberté. C'est parce qu'il voulait rédiger un roman, peut-être le dernier, qu'il abandonne cette compagnie à laquelle *Trente Mille Jours* sera l'occasion d'un ultime salut.

Un jour est donc un livre testamentaire, qui éclaire son œuvre et révèle l'homme derrière la plume. L'écrivain y est partout présent : il est Maurice Genevoix bien sûr, mais aussi d'Aubel, le propriétaire des Vieux-Gués, son double immédiatement fraternel. Il partage avec lui cette affirmation selon laquelle la nature fait toujours mieux que l'homme. Il lui prête sa foi, toute tournée vers le vivant. Comme d'Aubel, il aurait pu dire: « Je demande à Dieu qu'il me laisse Le prier à travers Sa création, une nappe de jacinthes bleues au printemps, la sérénité d'un beau soir, la montée d'une nuit d'automne. »

Un livre pour dire en une seule journée, ordinaire entre toutes, où il ne se passe rien mais où tout est dit, l'éblouissement du monde et la joie simple, la merveille d'être simplement vivant, que connaît d'Aubel pour l'avoir éprouvée, adolescent, après une pneumonie (4).

D'Aubel est le double immédiatement fraternel et l'ami sincère. Il partage avec Maurice Genevoix le goût de l'amitié et de la simplicité. Leur premier repas partagé est une simple omelette, plat franc et merveilleux dont *Trente Mille Jours* nous apprend qu'il était son délice, enfant: sa grand-mère le lui préparait avec un peu de salade confite.

S'il est d'une incroyable mélodie et rejoint parfois la poésie, *Un jour* est également une œuvre engagée. Maurice Genevoix a été considéré, au lendemain de sa mort, comme « l'un de nos premiers écologistes » par le président Valéry Giscard d'Estaing. À cet égard, le livre est d'une étonnante modernité, maintenant que les craintes de d'Aubel sont devenues menaces évidentes.

Citant Whitman, Thoreau ou Emerson, qu'il nomme nos « vieux sonneurs d'alerte », Maurice Genevoix nous appelle à la sagesse et à la tempérance. Il savait les dangers d'une « civilisation passée en cinquante ans du cheval à l'atome » qui se montrerait trop oublieuse de ce qu'elle avait été.

À la sortie d'*Un jour*, il tient ces propos:

> « Nombre de nos contemporains sont en train de perdre la tête parce qu'ils n'ont pas compris qu'exister est une grâce; que les autres sont précieux et que les objets, les animaux, les arbres, les maisons et les paysages sont des amis. Et ils sont là, courant en tous sens, en train de se demander ce qu'il faut faire pour ne pas sombrer dans la bêtise et le malheur. (5) »

À ceux-là, Maurice Genevoix leur dit d'« aimer la vie en cessant de la brader. De chercher le bonheur là où il est, c'est-à-dire dans l'amitié avec les autres et avec les créatures ».

Dernière pirouette face à un monde qu'il s'apprête à quitter : c'est en plantant une futaie que d'Aubel s'offre la postérité. Parce que d'Aubel et Genevoix sont si étonnamment proches, c'est d'Aubel qui prononce la phrase testamentaire de Maurice Genevoix : « Il n'y a pas de mort, je peux fermer les yeux, j'aurais mon paradis dans les cœurs qui se souviendront. »

À sa sortie, *Un jour* rencontre un grand succès, autant auprès du public que de la critique. Ami du romancier, François Nourissier écrit :

> « Une évidence s'impose : *Un jour* est un livre parfait. À la fois magistral et délicat, voué à la pénombre peuplée des forêts et des mémoires. Si Maupassant ne s'était pas déjà approprié le titre, Maurice Genevoix eût pu dire : "Une vie". Ou : "Un homme". Ce sont des titres difficiles à mériter. (6) »

Le succès d'*Un jour* et l'envie de se consacrer enfin pleinement à la peinture auraient pu conduire Maurice Genevoix à poser sa plume. Il achève pourtant deux autres livres, dans les quatre dernières années de sa vie.

À propos de *Lorelei*, nous ne dirons que cela : plus Maurice Genevoix vieillit, plus le désir de laisser sur le papier les souvenirs qui lui sont chers s'affirme. Il y relatera ceux inspirés de son voyage fait en Allemagne en 1909. *Lorelei* démontre à quel point l'écrivain « ressent tout et voit tout », selon les mots d'Ernest Lavisse dans la préface de *Sous Verdun*.

Trente Mille Jours : la cavalcade des souvenirs, dernière communion

Trente Mille Jours est à l'évidence le texte le plus autobiographique. Sachant sa fin prochaine, Maurice Genevoix veut fixer une dernière fois l'écheveau de ses souvenirs et des influences qui ont marqué sa vie. Ce qui frappe d'abord, c'est la précision et la force des faits évoqués, qui semblent même surprendre l'écrivain : « Qu'il est donc dru et serré, ce tissu de la mémoire ! On le touche, on l'effleure à peine, et le voici tout entier qui tremble. »

Homme de son temps, il conte son enfance à Châteauneuf : le magasin, ce monde « anfractueux, bourdonnant, retentissant d'appels, de roulements et de heurts, de hennissements à faire sauter le cœur » ; L'Asile, la petite école avant la grande, instants des premiers émois encore enfantins et de l'apprentissage de la camaraderie ; le lycée, « dure caserne » où seul « le pain à la fesse » trompait l'ennui des jours ; sa famille, et la perte de sa mère, qui les laisse, lui, son père et son frère, dans un abîme de tristesse.

Il décrit le poids et la force tendre des solidarités du bourg, peut-être parfois pesantes mais si réconfortantes.

Il raconte, comme il l'avait fait dans *Au cadran de mon clocher*, les hommes du village, leurs métiers, ingrats ou aujourd'hui disparus, et leur rend, du fond du cœur, un hommage fraternel. C'est le cordonnier Mulot, dont la mort, déjà mentionnée dans *Au cadran de mon clocher*, l'a tant marqué. Parce qu'il les a vus travailler, parce qu'il les connaissait, Maurice Genevoix est plein d'estime pour leur art, qu'il rapproche de son écriture :

> « Après tout, qu'ai-je jamais fait d'autre ? Les mots ont remplacé les clous des frères Mulot, mon bureau la boutique du cordonnier de la Croix-de-Pierre, les rayons de ma bibliothèque les planches où il alignait, serrées, des ribambelles de formes aux mesures des pieds du quartier. (7) »

Cette formidable capacité d'observation permet à Maurice Genevoix de conserver intact le souvenir d'une civilisation disparue aux dernières heures de l'année 1914 : « J'étais peuplé, je me peuplais de jour en jour, mon enfance était une vraie enfance, avide et tout entière offerte », reprenant à son compte les mots de Proust, Péguy, Delacroix, « à 12 ans, tout est joué ».

Il relate ses amitiés nombreuses, comme celle qu'il partage avec Maurice de Vlaminck, les liens noués à l'Académie, les figures juste entrevues, et tous les visages qui ont nourri sa vie, lui l'ancien soldat qui exprimait, à l'occasion de l'inauguration du Mémorial de Verdun, en 1967, la solitude de ceux qui étaient revenus :

> « Tout homme, au long de son existence, lorsqu'il regarde autour de soi, devrait pouvoir dénombrer sur sa route les compagnons de sa jeunesse, avec lui mûrissant, vieillissant. C'est une des joies de la vie ici-bas, normales et bonnes. Nous autres, à peine sortis de l'adolescence, quand nous nous retournions ainsi, nous ne voyions que des fantômes. Mutilés dans notre corps, mutilés dans nos amitiés. Voilà la guerre. (8) »

Comme un symbole, *Trente Mille Jours* est l'occasion d'un dernier salut au souvenir des blessés et des morts de la Grande Guerre. Soixante ans plus tard, c'est avec la même émotion et la même piété que Maurice Genevoix convoque la mémoire de ses frères d'armes, leurs paupières désormais closes, après une dernière ruade du corps.

Mais, homme de grande pudeur, il s'attarde peu sur sa vie privée. Suzanne, ma grand-mère, épousée en 1943, ne fait que traverser le livre, à l'image de son apparition dans *Un jour*, qui ne dit, et c'est déjà cependant beaucoup, que l'harmonie du couple.

Dans le même sens, c'est par le truchement de d'Aubel que Maurice Genevoix évoque la perte de sa première femme, épousée en 1936, et décédée en 1938 :

> « Heureux, oui, nous l'avons été. Hors du temps. Lorsque je l'avais épousée, je n'étais plus un jeune homme ; et même plus, peut-être, un homme jeune. Je le suis redevenu, entendez-moi, absolument, et je le suis resté aussi longtemps que sa vie et la mienne se sont simplement confondues. (9) »

Sylvie, ma mère, apparaît aussi dans *Trente Mille Jours* mais sous les traits de la fille de d'Aubel, comme si Maurice Genevoix avait une profonde réticence à parler, directement, des gens qui lui étaient chers. C'est bien lui qui offre sa main à Sylvie réclamant les bras au long de leurs promenades nocturnes, magiques mais effrayantes pour la petite fille de 6 ans. Sylvie encore, à 4 ans, dans *Trente Mille Jours*:

> « *[...]* ses promenades merveilleuses jusqu'à la ferme du Mont, le bout du monde pour ses petites jambes d'enfant, qui riait, levait les yeux vers moi, me prenait à témoin de sa joie, toute consentement au monde, à ses merveilles, à leur afflux miraculeux. Qu'est-ce l'amour s'il ne partage, s'il n'accepte ce qu'il reçoit du même mouvement qu'il offre et donne. Et que ne m'ont donné, en ces jours, les trottinements, les rires, les étonnements ravis, les cris heureux de cette petite fille que j'aimais. (10) »

Une autre chose est encore remarquable à la lecture de *Trente Mille Jours*: l'absolue conscience qu'a Maurice Genevoix de sa propre fin, qu'il devine proche, et sa totale sérénité face à l'idée de sa mort.

> « Mon destin de vivant ne s'est pas départi un jour d'un sentiment de gratitude envers les jours qui m'ont été donnés, de confiance malgré tout à travers les épreuves qui les ont assombris. Vivre, lorsqu'on a survécu, c'est constamment survivre en effet, ne pas seulement "cueillir le jour" qui passe, mais l'accueillir comme une révélation, celle même qui m'a ébloui, mourant, lorsque le rideau de cuir noir, clos sur les ténèbres et sur l'horreur, s'entrouvrait sur le ciel et le monde, sur le point brillant d'une étoile *[...]* peut-être, si le délai m'en est par bonheur accordé, retournerai-je demain vers ce monde fascinant de la petite enfance. *[...]* et ce sera mon dernier livre. »

Maurice Genevoix n'achèvera jamais le texte de *L'Enfant et le Château*, entamé pendant l'été 1980.

Sa vie d'écrivain se termine sur cette ultime phrase de *Trente Mille Jours* :

> « Il m'avait été donné de voir s'entrouvrir sous mes yeux un monde vrai, où les symboles et les correspondances sont la seule réalité, où la création est Dieu même, et Dieu sa propre création. »

À n'en pas douter, la foi de Maurice Genevoix, loin des églises et des temples, est une foi toute tournée vers le vivant et vers ses semblables, frères d'humanité.

1. Maurice Genevoix, *Ceux de 14*, Flammarion, 1949, nouvelle édition, 2013.
2. Maurice Genevoix, *La Mort de près*, La Table ronde, 2011, p. 15.
3. Maurice Genevoix, *Trente Mille Jours*, La Table ronde, 2019, pp. 186 et 187, et *La Mort de près, op. cit.*, p. 105 à 107.
4. Maurice Genevoix, *Un jour*, Plon, 2021, pp. 66 et 67.
5. Maurice Genevoix, *Panorama aujourd'hui*, avril 1976.
6. François Nourissier, *Le Point*, 14 janvier 1976.
7. Maurice Genevoix, *Maurice Genevoix, Au cadran de mon clocher*, Plon, 1960.
8. Discours d'inauguration du Mémorial de Verdun, 17 septembre 1967.
9. Maurice Genevoix, *Un jour, op. cit.*, pp. 85 et 86.
10. Maurice Genevoix, *Trente Mille Jours, op. cit.*, p. 339.

À RETHONDES : « CETTE CAMARADERIE DU FRONT… »

› **Maurice Genevoix**

Écrivain, poète et membre de l'Académie française, Maurice Genevoix est l'auteur d'un des plus beaux témoignages de la Première Guerre mondiale, où il combattit et fut grièvement blessé. En décembre 1977, en porte-parole des anciens combattants, il rappelle, dans les pages de la *Revue des Deux Mondes*, l'importance de commémorer l'armistice du 11 novembre, hommage dû aux sacrifices de ces « obscurs ouvriers de la victoire » partis affronter la mort, ceux qui demeurent et ceux qui ne sont plus.

L'armistice du onze novembre, au regard d'une histoire en marge de l'Histoire écrite, cette autre histoire quasi légendaire et que mettent en images la mémoire et l'affectivité des peuples, ce fut d'abord, pour nous Français, le symbole d'une délivrance associée à notre victoire, en même temps que d'un immense espoir. C'en était fini en effet d'un massacre qui pendant des années avait voué à d'atroces hécatombes toute la fleur d'une génération. Les deuils continuaient de peser, les larmes n'étaient point taries. Mais le sentiment même d'un sacrifice si long, si dur, appelait comme en compensation la montée d'une aube nouvelle, le réconfort d'une espérance elle aussi illimitée. Et c'est pourquoi les foules, à travers le pays tout entier, ont salué ce jour-là, avec la fin du terrible holocauste, l'avènement d'un avenir sans guerres.

Ce qui advint, nous le savons. Il n'aura fallu que vingt ans pour que la même folie meurtrière, de nouveau, mette le monde à feu et à sang. Ainsi, au lieu d'un avènement, l'armistice du onze novembre n'a-t-il marqué que la fin d'une guerre. Ainsi l'espoir passionné qui avait animé les combattants, la foi qui les avait soutenus, assez profonde pour avoir adouci de très dures agonies – car il est dur de mourir à 20 ans, et plus dur encore d'être tué –, une foi assez tenace aussi pour avoir justifié, je veux dire : à leurs propres yeux, tant de jeunes hommes que l'enjeu du salut national avait mis dans l'obligation de tuer ou d'être tués, cet espoir et cette foi semblaient sombrer et s'abîmer ensemble dans la plus tragique et la plus amère dérision.

Dès lors, puisque s'évanouissait ainsi, dans l'humiliation d'un nouveau drame, le mythe de la seule victoire qui pût être le prix de tant de sang versé, celle de la paix entre les hommes, pourquoi commémorer encore une victoire éphémère que les hommes ont si vite gâchée ?

Je vais essayer de le dire, le plus franchement et le plus simplement qu'il se puisse, non en vieil homme que l'expérience eût muni, en même temps que d'« usage », de sagesse et de raison, mais en me souvenant à voix haute, en laissant parler à ma place le garçon de 24 ans qui a en effet « fait la guerre » parmi des garçons de son âge, qui en a vu mourir beaucoup, et qui survit, pareil à ce qu'il a été, dans l'octogénaire d'aujourd'hui.

L'un de nous, jeune officier de 1914, « obscur ouvrier de la victoire » (ce sont là ses propres mots, mais il précise : « en toute première ligne »), ce soldat de vocation devenu le maréchal Juin, prononçant le discours d'usage après son élection à l'Académie française, y a rendu hommage à d'autres obscurs ouvriers, ses camarades inoubliés.

Il l'a fait sans grandiloquence, mais l'accent de sincérité qui passait alors dans sa voix n'en atteignait que mieux les cœurs. S'il saluait en eux des héros, il ajoutait lucidement, honnêtement, qu'ils avaient été, dans leur collectivité solidaire, « des héros involontaires ». Il savait ce dont il parlait ; et, le disant, il disait la vérité.

Elle n'était pas conforme aux images de l'histoire légendaire à laquelle je faisais allusion tout à l'heure et qui, dès les premiers jours, fabulait et trahissait. Les départs en chantant, les défilés « la fleur au fusil », si tant est qu'il y en eût jamais, cette imagerie clinquante méconnaît la réalité du grave et silencieux courage qu'il faut à un homme vivant lorsqu'il part affronter la mort, et qu'il le sait.

Dès alors le drame personnel qui requérait, par centaines et centaines de milliers, chacun de ces garçons que leur âge et leur dur destin vouaient ensemble à la souffrance et, pour beaucoup, au suprême sacrifice, ce premier drame, déjà, n'était pas communicable. Ne l'étaient pas davantage les réalités charnelles qui allaient tourmenter leurs corps, la pluie tenace, la boue profonde des boyaux où chaque pas devient un martyre, l'attente vaine des blessés, des heures durant, dans les ténèbres, de brancardiers à bout de force, enlisés eux-mêmes dans la fange et qui, hélas ! ne viendraient pas ; et encore les hôpitaux, les couteaux des chirurgiens qui ne sauvaient qu'en mutilant ; et les cadavres sans nombre qui n'ont jamais cessé, dans la mémoire des survivants, de jalonner, de la mer aux Vosges, la ligne du front où l'on continuait de tuer : ceux de la Marne, boursouflés et noirs au soleil, que les Allemands avaient alignés le long des routes où nous les poursuivions ; ceux des secteurs brûlants où les affrontements s'acharnaient, où les hommes des relèves retrouvaient, d'une attaque à la suivante, un peu plus déformés mais toujours reconnaissables, leurs camarades malheureux.

C'était cela, la réalité. Comment ceux qui sont revenus l'auraient-ils oubliée sans d'abord se renier eux-mêmes ? La conscience qui persistait en eux de ce qu'ils avaient accompli, la dureté des épreuves qui les avaient désignés et marqués, la profondeur de la camaraderie qui les avait unis et soutenus, cette camaraderie du front que le maréchal Juin, encore, disait « plus sainte que bien des amitiés », autant d'impossibilités qui leur interdisaient l'oubli. Héros involontaires, soit ; mais qui avaient, eux et non d'autres, assumé jusqu'au bout l'héroïque mission que leur avait confiée leur pays.

Il faut le dire : cela devait longtemps les isoler, les séparer. Il faut le dire aussi : s'il y a des méconnaissances qui ne sauraient en rien attenter à leur fierté, des caricatures si grossières qui loin, comme elles le prétendaient, de faire rire à leurs dépens, ne révélaient rien tant que la bassesse de leurs auteurs, il y en eut encore trop d'autres, trop d'incompréhensions ou trop d'indifférences, qui leur ont mis au cœur, trop longtemps, de l'amertume et de la tristesse.

Il semble que désormais ces mauvais temps soient révolus. Il est bien, et il est juste, qu'avant que le dernier d'entre eux ait fermé les yeux à la lumière, l'anniversaire du onze novembre témoigne pour une image de l'homme qui fut honorable pour l'homme, et qui le reste. Les anciens de 14 à 18, de cette guerre qui fut encore – on l'a dit – une guerre à hauteur d'homme, sont touchés au-delà de ce que je saurais dire par cette fidélité retrouvée. Ils la dédient à ceux qui ne sont pas revenus et qui, par eux, en ce carrefour de Rethondes, sont présents autour de nous.

LA GLOIRE DU SURVIVANT

› **Annick Steta**

Le 11 novembre 1920, la dépouille d'un soldat français non identifié, mort durant la Première Guerre mondiale, fut portée au Panthéon avant d'être installée dans une salle du pilier gauche de l'Arc de Triomphe. Elle y resta plus de deux mois avant d'être déposée dans une tombe creusée sous la voûte du monument. Le projet initial du gouvernement consistait à inhumer le Soldat inconnu au Panthéon. Il y avait renoncé sous la pression des anciens combattants et de leurs familles, qu'une partie de la presse avait soutenus. Dans le quotidien *L'Œuvre*, un journaliste signant du pseudonyme « L'Ouvrier » appuya de la façon suivante le choix de l'Arc de Triomphe : « Cet inconnu sera mieux là, isolé dans sa gloire unique, que confondu parmi tant d'ombres plus ou moins illustres dont les noms s'effacent sur les pierres du Panthéon. (1) »

Annick Steta est docteur en sciences économiques et diplômée de la Harvard Kennedy School.
› asteta@hotmail.fr

Un siècle plus tard, le cercueil de Maurice Genevoix était transféré dans le temple des « grands hommes » hérité de la Révolution française. À travers l'auteur de *Ceux de 14*, recueil de récits de guerre publiés entre 1916 et 1923 puis rassemblés en un volume en 1949, c'est à l'armée victorieuse de la Grande Guerre que la République rendait hommage. De tous les écrivains combattants de la Première Guerre mondiale, Genevoix est aujourd'hui le plus connu du grand public. Tel n'a pas toujours été le cas. En décembre 1916, le prix Goncourt fut attribué au *Feu* d'Henri Barbusse alors qu'il semblait promis à *Sous Verdun*, le premier récit de ce qui devait devenir *Ceux de 14*. L'historien Jean-Yves Le Naour retrace dans *La Gloire et l'Oubli* (2) l'ascension fulgurante de Barbusse, que la parution du *Feu* transforma en porte-parole des poilus. Barbusse, qui s'était engagé volontairement dans l'infanterie en août 1914 en dépit de ses 41 ans et d'une santé fragile, avait entamé une carrière littéraire avant-guerre. *Le Feu*, qui parut sous forme de feuilleton dans *L'Œuvre* avant d'être transformé en roman, connut un succès immédiat et spectaculaire. Le réalisme avec lequel il dépeignait le quotidien d'une escouade dans les tranchées suscita l'enthousiasme des soldats. Mais la force du livre tenait largement à la vision du monde de son auteur. Barbusse conjuguait patriotisme et pacifisme : pour lui, l'urgence consistait à gagner cette guerre afin qu'elle soit la dernière. Son évolution ultérieure vers le socialisme modifia la perception de son ouvrage et fit de lui la bête noire des conservateurs. À partir de 1918, Barbusse délaissa la littérature au profit du journalisme et du militantisme politique. Il adhéra en 1923 au Parti communiste et fit plusieurs voyages en Union soviétique. C'est lors de l'un d'entre eux qu'il mourut à Moscou, le 30 août 1935. Ses funérailles, qui eurent lieu à Paris une semaine plus tard, furent suivies par 300 000 personnes venues saluer cette figure emblématique de la gauche « prolétarienne » et ultra-pacifiste.

Tandis que Barbusse s'effaçait de la création littéraire, Genevoix continuait à bâtir son œuvre au prix d'un travail solitaire et acharné. Après avoir publié en 1923 *Les Éparges*, livre dans lequel il raconta la dernière bataille à laquelle il participa avant d'être grièvement blessé puis réformé, il privilégia une veine régionaliste qui lui valut son plus grand succès : *Raboliot*, hymne à la liberté et ode à la nature mettant en scène un braconnier solognot, fut couronné par le prix Goncourt en 1925. Durant la Seconde Guerre mondiale, ce chantre de la terre ne céda pas aux sirènes du régime de Vichy. Le retour de la paix marqua le début de la dernière partie de sa carrière. Élu en 1946 à l'Académie française, il fut le dernier écrivain combattant à faire vivre la mémoire de la Grande Guerre. Pour Jean-Yves Le Naour, il n'est donc guère étonnant que Genevoix ait été choisi pour faire entrer « ceux de 14 » au Panthéon. Était-ce pour autant la meilleure façon de rendre hommage à cette génération sacrifiée ? Associer Henri Barbusse et Roland Dorgelès à Maurice Genevoix aurait permis d'échapper à la simple commémoration et de replonger les Français dans un passé dont, trop souvent, ils préfèrent ignorer la complexité.

1. Christophe Soulard-Coutand, *L'Histoire méconnue du Soldat inconnu*, Éditions du Félin, 2020, p. 43.
2. Jean-Yves Le Naour, *La Gloire et l'Oubli. Maurice Genevoix et Henri Barbusse, témoins de la Grande Guerre*, Michalon, 2020.

ÉTUDES, REPORTAGES, RÉFLEXIONS

LA SECONDE GUERRE DU PACIFIQUE A COMMENCÉ

› **Renaud Girard**

Le 15 septembre dernier, les leaders de l'Australie, du Royaume-Uni et des États-Unis ont solennellement annoncé la création de leur nouvelle alliance militaire navale, qu'ils ont baptisée « Aukus ». En promettant aux Australiens des sous-marins nucléaires d'attaque utilisant de l'uranium hautement enrichi, les Américains et les Britanniques ont brisé un tabou qui régnait jusque-là dans le petit club des cinq membres permanents du Conseil de sécurité de l'ONU : toujours garder pour soi sa technologie nucléaire et ses matériaux fissiles.

Il s'agit, chez nos alliés anglo-saxons, d'un changement majeur de vision stratégique. Au-delà d'une brèche dans la doctrine de la non-prolifération, il signale, de manière cinglante, que la seconde guerre du Pacifique a commencé. Cette fois, l'adversaire des thalassocraties anglo-saxonnes n'est pas, comme en 1941, le Japon et sa « sphère asiatique de coprospérité », mais la Chine. Sous Xi Jinping, l'empire du Milieu a en effet la volonté de se retrouver le seul maître en Asie, donc d'expulser les Américains d'une vaste zone allant du golfe du Bengale à Hawaï. Cette seconde guerre du Pacifique ne se jouera probablement pas à coups de torpilles et de batailles navales. L'escalade du feu est un jeu trop dangereux entre puissances nucléaires. Elle sera d'abord et surtout un conflit de rapports de force, d'intimidations, de cyberattaques. Depuis Sun Tzu, les Chinois préfèrent gagner les guerres sans livrer bataille.

« Les Américains n'ont strictement rien à faire en Asie ; ce sont des intrus », m'avait déjà expliqué, en 2009, d'une voix douce et ferme, le vice-ministre chinois chargé des Minorités, lors d'un dîner à Pékin consacré au Tibet. C'était une époque où les relations sino-américaines, politiques comme commerciales, étaient pourtant encore excellentes. Le vice-ministre n'avait fait à l'époque que me livrer le sentiment profond des dirigeants du Parti communiste chinois. Au Tibet, terre que les Chinois n'ont plus peur de perdre tant le rapport de force leur est favorable, ils se donnaient le luxe de restaurer les vieux temples bouddhiques et de constituer des bibliothèques de textes sacrés du bouddhisme.

Depuis la date de mon entretien avec ce dignitaire, la marine chinoise a doublé de taille. Tous les quatre ans, elle s'agrandit de l'équivalent de l'entièreté de la marine française. Depuis cette date, la Chine a physiquement accaparé, en mer de Chine du Sud, une demi-douzaine d'îlots inhabités, qui étaient des *terrae nullius* en droit maritime international. Ces récifs se trouvent dans les archipels des Paracel et des Spratly. Il y a aussi celui de Scarborough, au large des Philippines. Violant une promesse que Xi Jinping, en visite à Washington, avait faite publiquement à Barack Obama en septembre 2015, la Chine a militarisé ces récifs, qu'elle avait préalablement poldérisés. Elle y a construit des aérodromes, qu'elle a dotés de missiles et de bombardiers stratégiques à long rayon d'action. Elle estime que cette mer, plus vaste que la Méditerranée, lui appartient entièrement et qu'elle est fondée à y faire la loi. Pourtant, la mer de Chine méridionale baigne aussi les rivages du Vietnam, de la Malaisie, de Brunei et des Philippines. La marine américaine ne s'est pas opposée militairement à ces prédations territoriales, mais elle a toujours poursuivi ses patrouilles au cœur de la mer de Chine méridionale,

Renaud Girard est correspondant de guerre depuis 1984. Tous les mardis, il tient la chronique internationale du *Figaro*. En 2014, il a reçu le Grand Prix de la presse internationale pour l'ensemble de sa carrière. Dernier ouvrage publié : *Quelle diplomatie pour la France ? Prendre les réalités telles qu'elles sont* (Cerf, 2017).

frôlant les îlots accaparés, afin d'y faire respecter le principe de liberté de navigation. Les États-Unis et les autres puissances du Pacifique ne reconnaissent pas la zone économique exclusive que la Chine prétend avoir en mer de Chine du Sud.

Le sens de l'Aukus est clair. L'Australie va devenir la base avancée du grand jeu naval américain de *containment* de la Chine dans l'Indo-Pacifique. Les Chinois sont-ils aussi surpris qu'ils le disent ? Ont-ils vraiment rêvé d'un non-alignement australien ? En la gorgeant d'argent, ils ont essayé de faire de l'Australie un vassal. Piqués au vif dans leur orgueil, les Australiens ont fini par réagir. Ils ont même réclamé, en avril 2020, une enquête internationale sur l'origine du Covid-19. Cette demande a brouillé pour longtemps Pékin et Canberra. Les cyberattaques chinoises sur l'Australie ont cru exponentiellement.

Face à une administration Biden qui a créé l'Aukus et renforcé le Quad (dialogue de sécurité quadrilatéral entre les Américains, les Japonais, les Indiens et les Australiens), les Chinois ont peut-être perdu un set, mais certainement pas le match. Leur calcul est d'attendre patiemment que les Américains se lassent. Comme ils se sont lassés en Indochine en 1975, en Mésopotamie en 2011, en Afghanistan cette année.

Les trois grandes forces des Chinois sont la patience, l'acharnement, la stratégie à très long terme. Huawei, désormais le premier groupe de télécommunications au monde, est une arme que la Chine a su bâtir très patiemment, étape après étape. L'Amérique a réussi, de justesse, à empêcher que l'entreprise ne bâtisse le réseau 5G de ses alliés européens ou asiatiques. Mais elle a dû accepter que les Canadiens relâchent, le 24 septembre dernier, Meng Wanzhou, la directrice financière du groupe, et fille de son fondateur, Ren Zhengfei, un ingénieur de génie ayant commencé sa carrière dans l'armée nationale populaire. L'héritière avait été arrêtée en 2018, lors d'un transit à Vancouver, par la police montée canadienne agissant sur mandat du FBI, qui la soupçonnait d'avoir violé les embargos décrétés contre l'Iran par les États-Unis. Les Chinois ont aussitôt relâché deux citoyens canadiens, qu'ils avaient arrêtés par souci de détenir une monnaie d'échange. Les « deux Michael », l'ancien diplomate Michael Kovrig et l'homme d'affaires Michael Spavor, avaient été inculpés d'espionnage, sans que jamais Pékin reconnaisse que leur détention était liée à la résidence surveillée imposée à Meng Wanzhou dans sa villa de Vancouver. Les cadres chinois à l'exportation savent désormais que jamais Pékin ne les lâchera face aux agissements inamicaux des puissances étrangères.

La France exclue du grand jeu du Pacifique

L'annonce de la livraison future de sous-marins nucléaires d'attaque anglo-saxons à l'Australie s'est faite au détriment de la France, qui avait gagné, en 2016, un appel d'offres international pour la livraison de douze sous-marins à propulsion classique. Le 15 juin dernier, dans la cour de l'Élysée, le Premier ministre australien se félicitait encore publiquement de l'engagement de la France dans l'Indo-Pacifique. Le ministre des Affaires étrangères français a parlé de « coup dans le dos » de la part des Australiens. C'est en fait un coup dans le dos de nos trois alliés anglo-saxons qui négociaient en cachette de l'Hexagone depuis dix-huit mois. C'est une très mauvaise manière faite à la France, qui n'a pas été traitée d'égal à égal par les États-Unis, mais comme un vassal, prié d'accepter et de suivre sans broncher toutes les initiatives, tous les revirements, de la stratégie américaine.

Cependant, force est de reconnaître la viabilité stratégique de l'Aukus. L'océan Pacifique est si vaste que les sous-marins à propulsion nucléaire s'imposent face à des sous-marins classiques. Par ailleurs, c'est historiquement l'Amérique qui est le protecteur de l'Australie, comme on l'a vu lors de la bataille de la mer de Corail (mai 1942). La marine américaine a toujours les moyens de jouer au protecteur de l'Australie. La France ne les a jamais eus.

Paris a rappelé pendant une petite semaine son ambassadeur à Washington. Au lieu de se laisser aller à de tels mouvements de colère puérils, la France devrait tirer profit de la désinvolture anglo-saxonne pour redessiner sa stratégie. Elle devrait revenir une fois pour toutes à une stricte indépendance gaullienne, cesser de s'aligner systématiquement sur la politique étrangère américaine (comme elle l'a fait dans les Balkans, en Afghanistan et au Levant), monter son budget militaire à 3 % du PIB, construire une industrie de défense européenne dépourvue de tout composant américain (afin de n'être plus soumise aux procédures Itar, qui réglementent le trafic d'armes au niveau international), vendre ses armes à qui elle veut sans consulter quiconque, reconstruire un service de renseignement extérieur capable de renseigner. Elle doit aussi consolider sa coopération militaire avec les Indiens, et moderniser sa marine, afin de sécuriser sa zone économique exclusive de 11 millions de kilomètres carrés, y compris dans le Pacifique. Mais son intérêt n'est pas d'entrer dans la seconde guerre du Pacifique. Elle n'en a pas les moyens et c'est trop loin de chez elle. La Méditerranée reste pour la France sa première urgence stratégique.

La Chine ne veut pas conquérir le monde entier, mais seulement devenir le suzerain de l'Asie. Son premier objectif est de reprendre l'île Formose. C'est le rêve personnel de Xi Jinping, président à vie du pays, de ramener vers la mère patrie cette île perdue en 1949.

Tsai Ing-wen, présidente de Taïwan, élue en 2016 et triomphalement réélue en 2020, n'est pas femme à se laisser bousculer. Elle a osé déclarer, en mai 2020, rejeter le principe politique d'« un pays, deux systèmes » proposé par Pékin aux Taïwanais. Il est vrai que Hongkong, où s'applique depuis un an une loi sécuritaire totalitaire dictée par le Parti communiste central, ne constitue pas un précédent encourageant…

Interrogée, après sa réélection, par des journalistes sur l'éventualité d'une invasion par les Chinois communistes, Mme Tsai avait répondu, de sa voix douce mais déterminée : « Qu'ils essaient de venir, nous les attendons de pied ferme ! »

Les experts militaires qui connaissent bien l'armée taïwanaise estiment qu'elle a les moyens militaires et moraux de tenir une semaine face à l'envahisseur. Mais pas plus. Toute la question reste de savoir si les marines de l'Aukus viendront immédiatement à la rescousse d'une île Formose agressée.

À la Chambre des communes, Theresa May a demandé à Boris Johnson si la Grande-Bretagne entrerait en guerre pour défendre Taïwan. Elle n'a obtenu aucune réponse. Piètre départ de course pour Aukus…

LA FRANCE CANADA DRY

› **Fatiha Boudjahlat**

Drôle de pays que le Canada. En pleine campagne électorale et au lendemain de la reprise de Kaboul par les Talibans, la ministre fédérale canadienne en charge des Femmes et de l'Égalité des genres, Maryam Monsef, a lu – pas improvisé, lu – une allocution dans laquelle elle s'adressait à « nos frères les Talibans », les exhortant à permettre l'évacuation des civils. Face à la bronca soulevée par cette expression de « fraternité », elle a expliqué que les Talibans restaient un régime au ban des nations, mais que s'adresser à eux de cette manière était, je cite : « une référence culturelle » pour elle. Ajoutons que cette ministre est d'origine afghane et le trouble se renforce. Dans le pays du multiculturalisme constitutionnalisé, forcené, obsessionnel, on peut se demander pourquoi l'identité afghane, musulmane, commande l'expression politique d'une ministre du Canada… en plus en charge des droits des femmes, et des minorités. La double nationalité, oui. La double allégeance qu'elle manifeste ainsi à deux régimes politiques aussi diamétralement opposés en termes de développement et de droits humains est-elle seulement possible, ou souhaitable ? Jusqu'où

Fatiha Boudjahlat est enseignante, féministe universaliste.
Derniers ouvrages publiés : *Combattre le voilement* (Cerf, 2019), *Les Nostalgériades* (Cerf, 2021).

peut-on se dire et se vivre canadienne tout en continuant à s'inscrire dans la culture, obscurantiste, anti-occidentale, homicide, misogyne d'extrémistes que sont les Talibans ? Le Canada est devenu un État Canada Dry. Ça ressemble à un État, ça en a les symboles, mais ce n'en est plus un : c'est un McDo de très grande dimension. Venez-y comme vous êtes, avec vos références culturelles que vous pourrez conserver. Même en devenant canadienne. Même en devenant ministre.

Le Canada se flatte de son parti pris pour la diversité, dans la célébration de laquelle résiderait sa singularité. Admettons que la personnalité, l'identité d'un pays, qui devrait être commune, partagée, ne réside pas dans les références culturelles de sa population, ni dans ses vêtements (le boubou valant le jean) pas plus que dans sa langue (obliger les demandeurs d'asile ou les candidats à la naturalisation à maîtriser les rudiments du français est une violence insupportable de pays postcolonisateur), ni dans sa gastronomie. Mais alors, qu'est-ce qui fait d'une population un peuple ? Une nation ? Qu'est-ce qui la différencie d'une autre ? Quelle appartenance ? Quelle identification pour les nouveaux venus ? La consommation de services et les opportunités économiques dans un espace limité ? Le Canada doit être pour nous un contre-modèle absolu.

L'identité, on y est jusqu'au cou et jusqu'aux prochaines élections. Jean-Luc Mélenchon s'est moqué d'Éric Zemmour le nationaliste, au patronyme « arabe » (non, berbère, Jean-Luc, un peuple que les Arabes ont soumis et voulu effacer). Et il a célébré sa nouvelle marotte, la créolisation, concept très complexe forgé par Édouard Glissant, qu'il a simplifié à l'extrême, le réduisant au « Bal masqué » de la Compagnie Créole. Il parlait avant de métissage, mais la mixtion manquait encore trop de mélange, on reconnaissait sans doute trop des morceaux d'identité nationale. Horreur ! En situation de créolisation à la sauce France insoumise, les identités fusionnent et se froncent, s'agencent idéalement et avec bonheur, se transforment, tout en ne renonçant à rien de ce qui les constituait auparavant… De la pure alchimie. Mélenchon espère avoir trouvé la solution à l'impasse dans laquelle son choix opportuniste de l'indigénisme politique le coinçait, lui qui célébrait avec éloquence la République française il y a encore cinq ans. Tout le monde, en réalité tous les nouveaux venus, les derniers arrivés, sera dispensé de choisir, de se délester, de renoncer à ses « références culturelles », transformant le pays d'accueil et sa population, parce que l'identité, c'est vivant, ça bouge, ça évolue et ça devient alors mignon. Pourquoi viennent-ils d'ailleurs alors ? Juste pour les opportunités économiques et la consommation de services ? Mais celles-ci sont liées à nos valeurs, souvent incompatibles avec celles de ceux qui souhaitent nous rejoindre. Nous n'avons pas qu'un espace à partager. Pour avoir un avenir en commun, il faut être plus que des colocataires d'un appartement au bail généreux n'exigeant que le paiement du loyer. Peut-on se montrer plus exigeants ? Pour rester ce que nous sommes ? Ne serions-nous pas dans le syndrome du bus plein : celui-ci arrive rempli, nous forçons le passage, et une fois dedans, nous nous offusquons qu'il marque l'arrêt, l'estimant déjà trop plein pour les autres, alors que nous ne l'estimions pas trop plein pour nous ? Enfant d'immigrés, c'est un questionnement qui me tenaille. Jusqu'où peut-on se transformer sans cesser d'être ce que nous étions ? Les nouveaux venus doivent-ils gommer ce qui dans leur culture ne permet pas de faire nation ? Serait-ce une injonction à s'effacer ?

Palimpseste. Le président Emmanuel Macron a consacré trois jours à sa visite officielle dans cette terre étrangère de Marseille. Son ton martial, le conditionnement d'aides à des réformes libérales faisaient penser au Fonds monétaire international tançant les pays en voie de développement. À l'écouter, le drame de la ville, c'est que l'homme marseillais n'est pas assez entré dans l'histoire, ailleurs qu'à la rubrique des faits divers sanglants.

Dans son long discours du 31 mai 2018, lui qui, candidat en 2017, affirmait qu'il n'y avait pas une culture française singulière a offert cette réponse à la créolisation mélenchonienne :

> « Mais l'identité française, elle réside dans ce palimpseste qu'il y a partout à travers nos régions qu'est notre patrimoine et cette forme d'identité la réconcilie parce

> qu'on peut y revisiter sa propre histoire et ses propres mémoires de manière très différente, parce qu'elle est ce réel et parce que ce patrimoine, que ce soit d'ailleurs un patrimoine naturel, un patrimoine historique, un patrimoine industriel, un patrimoine religieux ou laïc *[...]* c'est un peu de l'histoire de notre pays et de ce qui l'a forgé jusqu'à nous qui est à chaque fois synthétisé. (1) »

Synthèse et palimpseste. Périphrase sur la déconstruction d'un passé juste revisité… On est toujours dans l'identité. Mais qu'on regarde de près la définition de ce joli mot « palimpseste » : un parchemin réutilisé, un support dont on a effacé le contenu pour l'utiliser de nouveau. À l'échelle de notre pays, de son histoire, de ses mémoires compliquées, qu'est-ce qui doit s'effacer alors pour que notre territoire redevienne une page blanche à noircir de nouveau ? Ce choix de mot réjouirait Lacan. Est-ce un lapsus ou une rodomontade de notre président « philosophe » ? Alors que nous sommes harcelés par les *woke*, les éveilleurs de bonne conscience vierges de tout mal et de toute oppression infligée. Et que nous devons affronter la *cancel culture*, la culture de… l'effacement de ce qui ne respecte pas le nouveau code noir indigéniste.

1. https://www.elysee.fr/emmanuel-macron/2018/05/31/discours-du-president-la-republique-emmanuel-macron-lors-de-la-reception-en-lhonneur-des-personnalites-engages-pour-le-patrimoine.

RÉCHAUFFEMENT CLIMATIQUE : LE PRIX DE L'INDÉCISION

› **Annick Steta**

Depuis une trentaine d'années, la prise de conscience du changement climatique et de ses conséquences néfastes a progressé de façon spectaculaire. La Conférence des Nations unies sur l'environnement et le développement, qui s'est déroulée à Rio de Janeiro en 1992, a donné un élan décisif à une réflexion collective destinée à identifier des instruments permettant de limiter la hausse de la température de surface moyenne globale. Mais les États ont tardé à traduire cette réflexion en actes. Dix ans après la Conférence de Rio, le président de la République française, Jacques Chirac, ouvrit le discours qu'il prononça lors du Sommet mondial pour le développement durable de Johannesburg sur un cri d'alarme devenu célèbre : « Notre maison brûle et nous regardons ailleurs. » Il fallut encore attendre treize ans pour qu'une action décisive fût entreprise. L'Accord de Paris, adopté le 12 décembre 2015 lors de la Conférence des parties (COP) à la Convention cadre des Nations unies sur les changements climatiques (CCNUCC), est un

Annick Steta est docteur en sciences économiques et diplômée de la Harvard Kennedy School.
› asteta@hotmail.fr

traité juridiquement contraignant visant à limiter le réchauffement climatique à un niveau inférieur à 2 degrés Celsius (°C), et aussi proche que possible de 1,5 °C, par rapport au niveau atteint durant l'ère préindustrielle. Chaque partie prenante devait soumettre avant la fin de l'année 2020 son plan d'action climatique, appelé « contribution déterminée au niveau national » (CDN). Les CDN comprennent les mesures que les parties prenantes s'engagent à prendre pour réduire leurs émissions de gaz à effet de serre afin d'atteindre les objectifs de l'Accord de Paris et pour s'adapter aux effets de la hausse des températures. Au fil du temps, les CDN successives de chaque partie prenante devront devenir plus ambitieuses de façon à intensifier la lutte contre le changement climatique.

Mais est-il encore possible d'enrayer la hausse des températures ? Peut-être, si des mesures drastiques sont prises immédiatement. Non, si nous persistons à croire que des changements graduels permettront de limiter le réchauffement climatique sans trop peser sur le mode de vie des individus et le fonctionnement de l'économie.

Les leçons de l'histoire du climat

Pour saisir l'urgence de la situation à laquelle la population mondiale est appelée à faire face, il est essentiel de comprendre les phénomènes physiques et chimiques qui ont pour conséquence une élévation des températures moyennes à la surface de la Terre. Depuis le début du XXe siècle, la hausse de la température de surface moyenne globale a été proche de 1 °C. Le réchauffement climatique s'est accéléré du milieu des années soixante-dix au début des années deux mille avant de rester à peu près constant lors des deux dernières décennies. Les climatologues ont démontré que cette hausse des températures a été produite par l'utilisation massive de combustibles fossiles (1). Celle-ci a conduit à une concentration accrue dans l'atmosphère de gaz qui absorbent une partie des rayons lumineux et retiennent ainsi la chaleur à proximité de la surface terrestre. Le dioxyde de carbone (CO_2) est le principal responsable de l'effet de serre, dont l'existence a été établie au milieu du XIXe siècle. Un siècle plus tard, un scientifique américain, Charles David Keeling, développa une technique permettant de mesurer avec précision la concentration atmosphérique de CO_2. Celle-ci est passée de 310 parties par million (ppm) à la fin des années cinquante à 410 ppm actuellement. De 55 à 60 % du CO_2 produit par l'utilisation de combustibles fossiles reste dans l'atmosphère. Le reliquat est absorbé par les océans pour les deux tiers et par la biosphère terrestre (sols, végétation, etc.) pour un tiers. L'absorption de carbone par l'océan est limitée par le rythme des échanges entre les eaux de surface et les eaux profondes. Il faut dix ans pour que les couches supérieures de l'océan (jusqu'à 100 mètres de profondeur) se mélangent. Si les eaux de surface sont saturées en carbone, l'océan ne pourra pas absorber une quantité supplémentaire de carbone aussi longtemps qu'elles ne se seront pas mélangées aux couches intermédiaires. Le mélange complet des différentes couches d'eau des océans prend de mille à deux mille ans. La capacité d'absorption du carbone par la biosphère terrestre est plus difficile à évaluer. Selon certaines recherches, les sols et la végétation sont encore en mesure d'absorber une fraction du carbone libéré par l'utilisation de combustibles fossiles. D'autres travaux aboutissent à la conclusion selon laquelle la biosphère terrestre pourrait commencer à relâcher du CO_2 dans l'atmosphère. Si tel était le cas, le réchauffement climatique deviendrait hors de contrôle.

Le rythme auquel le CO_2 est libéré dans l'atmosphère perturbe le cycle du carbone. Piégé dans les sols par la respiration des racines et la dégradation des matières organiques, le CO_2 se dissout dans les eaux qui drainent les sols et forme de l'acide carbonique. L'altération chimique des roches par l'acide carbonique conduit à la formation d'ions bicarbonates. Arrivé dans l'océan, le carbone ainsi dissous est transformé en carbonate de calcium, qui est le principal élément constitutif des roches calcaires, ou rejeté dans l'atmosphère (2). Ce processus peut être comparé à un thermostat régulant le cycle du carbone et le climat terrestre. Mais il y a un décalage entre le rythme auquel le CO_2 a été libéré dans l'atmosphère lors des cent cinquante dernières années et l'échelle temporelle de l'altération chimique des roches : il faudra attendre cent mille ans pour que l'excès de CO_2 contenu dans l'atmosphère soit transformé en carbonate de calcium.

Pour saisir la particularité et la dangerosité de la hausse de la température de surface moyenne globale observée depuis le début du XXe siècle, il faut examiner ce phénomène à la lumière de l'histoire du climat. Les recherches portant sur les climats préhistoriques ont montré que les concentrations atmosphériques de CO_2 enregistrées depuis la révolution industrielle étaient inédites depuis au moins huit cent mille ans, voire peut-être depuis trois millions d'années. Selon les paléoclimatologues, qui ont développé des techniques permettant de reconstituer les conditions climatiques ayant régné par le passé, la concentration atmosphérique de CO_2 a dépassé le niveau actuel durant l'éocène, une période comprise entre -56 et -34 millions d'années. À cette époque, la concentration atmosphérique en CO_2 variait entre 500 et 1 500 ppm. La température des couches profondes des océans était d'environ 12 °C, ce qui est nettement supérieur aux températures actuellement mesurées dans le Pacifique (de 1 à 2 °C) et dans l'Atlantique (de 3 à 4 °C). Le niveau de la mer excédait de 100 mètres celui que nous connaissons. Mais un élément distingue radicalement la période actuelle de l'éocène : si la concentration atmosphérique de CO_2 devait atteindre des niveaux comparables à ceux de l'éocène, les jours de l'espèce humaine seraient comptés (3).

Comment enrayer la hausse des températures ?

Contrairement aux changements climatiques observés par le passé ou reconstitués par les paléoclimatologues, la hausse de la température de surface moyenne globale enregistrée à partir du début du XXe siècle a été brutale. Si rien n'était fait pour enrayer cette évolution, la Terre pourrait revenir en l'espace de quelques siècles à un état comparable à celui de l'éocène. L'enjeu des politiques de lutte contre le réchauffement climatique consiste à inverser ce processus lors des deux à trois prochaines décennies. Or revenir à un niveau de concentration de CO_2 atmosphérique proche de celui de l'ère préindustrielle est un défi difficile à relever. L'océanographe américain David Archer, dont les recherches portent principalement sur la chimie des eaux marines, parle à ce propos de « long dégel » du cycle du carbone. En raison de l'échelle temporelle du processus d'altération chimique des roches, une part significative de l'excès de CO_2 libéré dans l'atmosphère par l'utilisation de combustibles fossiles restera dans l'atmosphère durant les cent mille ans à venir (4). Même si nous parvenons à réduire nos émissions de gaz à effet de serre, la température de surface moyenne globale continuera à augmenter durant une longue période. Les premiers effets de cette hausse ont commencé à apparaître. Le réchauffement climatique se traduit notamment par une fréquence accrue des phénomènes météorologiques extrêmes comme les ouragans, les inondations et les périodes d'intense sécheresse. La fonte des glaces polaires et de l'inlandsis du Groenland, dont le rythme s'est accéléré lors des dernières années, produit une élévation du niveau des océans. Celle-ci constitue une menace directe pour les populations des États insulaires et des régions côtières. La hausse des températures exerce par ailleurs un impact négatif sur les rendements des cultures agricoles et met ainsi en péril la sécurité alimentaire d'une fraction de la population mondiale. À cela s'ajoutent les conséquences sur la santé humaine d'une exposition prolongée à des températures élevées. Le réchauffement climatique menace tout particulièrement la santé des personnes âgées, dont l'organisme peine à s'adapter à la chaleur, et des individus les plus démunis, qui n'ont pas la possibilité de vivre et de travailler dans des environnements rafraîchis.

En l'absence d'une réduction massive des émissions de gaz à effet de serre, la température de surface moyenne globale pourrait augmenter de 2 à 5 °C entre 2000 et 2100 (5). La production et la consommation d'énergie sont responsables de l'essentiel des émissions de gaz à effet de serre. Remplacer les combustibles fossiles par des sources d'énergie propre serait le plus sûr moyen de réduire la concentration de gaz à effet de serre dans l'atmosphère. L'amélioration de l'efficacité énergétique du système productif, des systèmes de transport et des logements renforcerait l'impact de la transition vers des énergies propres.

La stratégie de décarbonisation qui est au cœur de l'Accord de Paris repose sur l'internalisation dans les prix de marché des externalités négatives liées à l'utilisation de combustibles fossiles. Plusieurs outils permettent de procéder à cette internalisation. La réglementation est le moins sophistiqué de ces instruments. Elle consiste à contraindre les agents économiques à utiliser des technologies permettant de limiter les émissions de gaz à effet de serre. L'interdiction d'installer des chaudières au fioul et au charbon, qui devrait entrer en vigueur en France à la mi-2022, constitue un exemple de réglementation destinée à lutter contre le réchauffement climatique. Le recours à une taxe pigouvienne (6) permet de faire payer par l'émetteur de gaz à effet de serre le coût des dommages environnementaux ainsi causés. Créée par le gouvernement de Jean-Marc Ayrault en 2014, la contribution climat-énergie, plus connue sous le nom de « taxe carbone », a été régulièrement réévaluée jusqu'en 2018 de façon à en renforcer l'impact. En s'insurgeant contre l'augmentation du prix des carburants automobiles due à la hausse de la taxe intérieure de consommation sur les produits énergétiques (TICPE), le mouvement des « gilets jaunes » a eu raison de la réévaluation de la contribution climat-énergie, qui est une composante de la TICPE : son montant, qui était appelé à atteindre 100 euros par tonne de CO_2 en 2030, est resté bloqué à 44,60 euros depuis 2018. Les marchés de permis d'émission constituent le troisième instrument qui peut être employé pour internaliser les externalités liées à l'utilisation de combustibles fossiles. L'Union européenne a été pionnière en la matière : elle a créé en 2005 le Système d'échange de quotas d'émission (SEQE), qui a été le premier grand marché du carbone au monde et reste celui dont les objectifs sont les plus ambitieux. Premier émetteur mondial de gaz à effet de serre, la Chine s'est fortement inspirée du SEQE pour concevoir son propre marché des droits à polluer, qu'elle a lancé en juillet dernier. Mais, alors que le prix de référence des quotas de carbone a franchi fin août la barre des 60 euros par tonne au sein de l'Union européenne, il n'excède pas

5 euros par tonne en Chine. Les États-Unis ne disposent pas quant à eux d'un marché national de permis d'émission. Plusieurs États américains ont toutefois créé des marchés régionaux de droits à polluer. C'est le cas de onze États du nord-est du pays, qui ont lancé en 2009 le Regional Greenhouse Gas Initiative (RGGI). La Californie a pour sa part choisi de lier depuis 2014 son marché des permis d'émission à celui du Québec dans le cadre de la Western Climate Initiative.

Décarboniser l'économie : à quel prix ?

Si l'immense majorité des États rechigne à accélérer la décarbonisation de leur économie, c'est parce que le coût de la transition vers des énergies propres sera considérable. Selon l'économiste français Jean Pisani-Ferry, le choc d'offre négatif que produirait une décarbonisation rapide des économies serait d'une ampleur comparable aux chocs pétroliers des années soixante-dix (7). À force de repousser la mise en œuvre de mesures difficiles à assumer politiquement, les États se sont placés dans un étau. S'ils n'engagent pas la transition énergétique à marche forcée, les coûts associés au réchauffement climatique lors des prochaines décennies seront colossaux. S'ils se mobilisent pleinement en faveur d'une accélération de la décarbonisation des économies, ils devront faire face aux conséquences d'une contraction brutale de l'activité. Le véritable enjeu des prochaines négociations internationales relatives au climat consiste à renforcer l'acceptabilité sociale de la décarbonisation. La redistribution du produit des taxes assises sur l'utilisation de combustibles fossiles et de la vente de permis d'émission permettrait d'atténuer l'effet dépressif de ces instruments sur le revenu des individus. La réduction de la consommation sera par ailleurs partiellement compensée par une hausse de l'investissement destinée à renouveler l'appareil productif et à financer la recherche de technologies permettant d'améliorer l'efficacité énergétique (8). *In fine*, la décision sera entre les mains des électeurs des pays développés et des principaux pays émergents. Pour éviter que les trajectoires de croissance des pays en développement ne soient brisées par une décarbonisation brutale, les nations les plus avancées devront consentir des efforts largement supérieurs à leur poids dans les émissions de gaz à effet de serre. Combien leurs citoyens seront-ils prêts à payer lors des vingt à trente prochaines années pour préserver l'avenir de la planète sans alourdir le fardeau des plus pauvres ? Combien, pour éviter que notre maison ne brûle ?

1. Les combustibles fossiles sont les combustibles riches en carbone issus de la lente dégradation d'organismes morts enfouis dans le sol depuis plusieurs millions d'années. Les combustibles fossiles conventionnels regroupent le pétrole, le charbon, le gaz naturel et le lignite. Les combustibles fossiles non conventionnels comprennent notamment la tourbe, les schistes et les sables bitumeux, le gaz et les huiles de schiste, ainsi que les hydrates de méthane.
2. Voir sur ce point : Géosciences Environnement Toulouse, « L'altération chimique des roches répond au changement climatique », 26 février 2012.
3. Les premiers ancêtres de la lignée humaine sont apparus voilà sept millions d'années.
4. David Archer, *The Long Thaw. How Humans Are Changing the Next 100,000 Years of Earth's Climate*, Princeton University Press, 2008.
5. « United States Mid-Century Strategy for Deep Decarbonization », The White House, novembre 2016, p. 6.
6. Les taxes pigouviennes sont destinées à internaliser le coût social d'une activité économique. Elles doivent leur nom à l'économiste britannique Arthur Cecil Pigou, qui a proposé de recourir à cet instrument dans *The Economics of Welfare* (1920).
7. Jean Pisani-Ferry, « Climate Policy is Macroeconomic Policy, and the Implications Will Be Significant », Peterson Institute for International Economics, Policy Brief 21-20, août 2021, p. 6.
8. Jean Pisani-Ferry, *op. cit.*, p. 9-10.

CRITIQUES

LIVRES
Soupçon général
› Michel Delon

« Il n'eut pas un regard vers le bleu profond du lac, pas même un coup d'œil sur les coteaux des vignes, avec la terre brune et légère entre les ceps nus. » Le lac est pourtant celui de Bienne, avec l'île Saint-Pierre de rousseauiste mémoire, dans un sublime décor de montagnes et de glaciers. Le policier qui gravit la pente, la main droite fourrée dans la poche de son manteau, reste indifférent au panorama, aux couleurs de l'automne, aux buses qui s'envolent à son approche. Il est tout entier au coup d'éclat qui va le faire connaître. Nous ne sommes pas dans la Suisse des peintres et des touristes, mais dans un pays où les passions, pour être feutrées, ne perdent rien de leur âpreté. Des enfants sont éventrés au fond des bois, un fonctionnaire de police est tué à bout portant dans sa voiture en dehors de ses heures de service, un médecin, ancien criminel de guerre, continue à sévir dans une clinique renommée, le plus tranquille des représentants de commerce est peut-être un assassin. Ce ne sont pas seulement quatre romans policiers qui sont rassemblés en un volume (1), mais les premières fictions d'un grand écrivain dont on fête le centenaire de la naissance. Les lecteurs français connaissent souvent mal Friedrich Dürrenmatt (1921-1990) ; au mieux, ils ont vu *La Visite de la vieille dame*, farce glacée où rien ne résiste à la milliardaire dont l'argent achète toutes les consciences. La pièce culmine avec un meurtre que la communauté villageoise estime parfaitement légitime.

Cet humour désespéré se trouve pareillement dans les romans contemporains (1952-1958) qui nous entraînent sur la route des Grisons, dans les campagnes autour de Berne ou de Zurich, dans différents coins d'une Suisse qui oublie d'être pittoresque alors que la Saint-Jean ou la Saint-Sylvestre mettent en scène des paysages surprenants. Le récit quitte les grands axes pour atteindre une maison de santé à l'écart qui se dérobe derrière des cèdres et un wellingtonia géant. Il suffit d'une panne de moteur pour qu'un voyageur se retrouve dans une villa improbable où il est accueilli comme l'invité qu'on attendait justement ce soir-là. Sur une colline qui domine le lac, une maison cossue devient le cadre d'étranges conciliabules dont les paysans du coin ne savent rien. Les sapins qui entourent la luxueuse clinique près de Zurich vont se confondre avec la forêt : quels secrets sont-ils chargés de cacher ? La noirceur transforme les intrigues policières en récits fantastiques où le possible et le probable sont autant de chemins qui se perdent dans les sous-bois. Seul renonce à une vraisemblance, qui arrange tout le monde, un vieux flic, revenu des préjugés et des illusions. Il serait si simple pour lui d'accepter un poste honorifique à l'étranger ou de prendre sa retraite. Il s'entête, prend des risques, s'écarte des règles du métier. Les romans proposent plusieurs variantes de ce type : le personnage se perd et se noie dans l'alcool ou bien joue deux criminels l'un contre l'autre. Ou encore s'appuie sur d'obscures solidarités de l'ombre que la loi ne saurait cautionner. Le dénouement n'a rien d'une victoire de la vérité, encore moins d'un retour à l'ordre qui ne serait qu'un désordre établi.

On peut savourer dans ces récits des années cinquante le charme désuet des anciennes stations-service où les Buick et les Studebaker font le plein ou bien goûter la satire amère de la bonne conscience helvétique. On apprécie cette place de village où un très vieux chêne cerclé de fer et solidement soutenu semble l'image d'une continuité sans heurt. Les drames seraient pour les autres. Le fumier est si propre devant les fermes. On entre dans des salles de café, qu'on appelle des pintes dans le pays de Vaud, où les anciens parlent patois. Et puis un accident, une voiture qui dérape, une photo pâlie qui resurgit, un souvenir qui ne s'efface pas, un meurtre font s'écailler le vernis des bienséances. Les avocats qui sont officiers de réserve et qui siègent dans les plus nobles assemblées couvrent de leur savoir juridique de sordides transactions. Les progrès techniques et les raffinements du luxe aménagent la maladie et la mort pour optimiser le profit. Le crime paie, sauf quand quelque vieil idéaliste s'obstine à déranger la bonne marche de la société qui n'est qu'un marché. Dürrenmatt aimait raconter que son grand-père, satiriste bernois, avait écopé de dix jours de prison pour un poème particulièrement mordant. Sur ses traces, il n'a eu de cesse de dénoncer le mensonge des convenances. *Le Soupçon* est le titre du quatrième roman, il pèse sur un honorable médecin qui a peut-être, qui a sans doute, qui a réellement été un bourreau nazi. Tant de concepteurs de la machine concentrationnaire ont su se recycler pour concevoir la réussite économique de l'après-guerre. Le soupçon gangrène toute une société. Il y a dans l'amertume de Dürrenmatt quelque chose de la cruauté de Thomas Bernhard ou d'Elfriede Jelinek contre l'Autriche. Du moins, ses héros abîmés par la vie paient-ils de leur personne. Fidèles à une promesse, à l'idée qu'ils ont de leur tâche, ils se laissent enfermer dans des asiles psychiatriques, dans des mouroirs cinq étoiles, ils boivent trop et ne font la morale à personne.

1. Friedrich Dürrenmatt, *Œuvres complètes*, tome I, Albin Michel, 2021.

LIVRES

Rien de sacré ?

› Stéphane Guégan

À chacune de ses rétrospectives, Francis Picabia (1879-1953) divise le monde de l'art, comme au temps héroïque des avant-gardes. Ce fut ainsi le cas en 2016, lorsque le Kunsthaus de Zurich et le MoMA de New York réunirent 200 de ses œuvres sous le regard partagé ou hostile des critiques. À dire vrai, depuis 1976 et leur réapparition au Grand Palais, la polémique concerne surtout les *Nus* de l'Occupation, nus photographiques en ce qu'ils dérivaient d'emprunts aux magazines de charme d'avant-guerre et affichaient un illusionnisme supposé réactionnaire. Or ces nudités frappantes d'impudeur, qualifiées de « pétainistes » en 1976, ont mis en émoi, quarante ans plus tard, la presse anglo-saxonne (1). Le *Guardian* a parlé de « *nazi porn* » quand d'autres voix épinglaient le roi des équivoques. Le catalogue de Zurich et New York, du reste, n'échappait pas au dissensus suscité par l'artiste. Certains contributeurs y valorisaient en Picabia l'accoucheur de la peinture abstraite ou le dynamiteur des ...ismes modernes. D'autres, moins orthodoxes, préféraient célébrer un artiste dont l'irrévérence antipuritaine, l'obsession parodique et la destruction forcenée de toute valeur éthique eurent leur contrepartie. On dira que Bernard Marcadé et sa récente biographie du feu follet se situent à égale distance de ces extrêmes (2). Toute vie d'artiste oppose son lot de pièges à celui qui la convertit en mots et en exhume les lignes de force. Appliqué à Picabia, sujet à l'autodérision permanente, comme à des élans de pureté aujourd'hui mal compris, l'exercice tient du casse-tête.

Car comment se saisir d'un homme pour qui l'art tenait autant de l'iconoclasme hédoniste que de l'idéalisme individualiste, et qui refusait de soumettre son existence, proclama-t-il souvent, à quelque croyance que ce soit (3) ? Quelle part de vérité, en conséquence, attribuer aux multiples écrits et déclarations publiques du personnage ? « Je suis l'indifférence immobile », confiait-il en mars 1922 au quotidien *Comœdia*. Treize ans plus tard, en pleine montée des fascismes et de l'engagement des artistes, il avouait à une autre feuille : « Moi et Dieu sommes les avocats de la vie et nous chions sur les décisions politiques. » Le livre très fourni de Marcadé invite donc à un nouveau bilan, mythologies incluses. Une petite déception pour commencer : on eût aimé en savoir plus sur la formation de l'adolescent né dans la grande aisance et poussé tôt vers les pinceaux et la photographie dont son grand-père était un des pontes. Qui se cache derrière l'auteur de cette toile exposée à 15 ans au très conservateur Salon des artistes français de 1894 ? Que furent les années d'apprentissage qui suivirent, auprès de Cormon, dans l'atelier duquel était passé son cher Toulouse-Lautrec ? Que penser de la complicité qui, vers 1900, soude Picabia aux fils de Camille Pissarro ? Une mauvaise habitude, à ce propos, consiste à suspecter l'impressionnisme où le jeune Francis s'installe jusqu'en 1907 ! Cela ne colle pas, de prime abord, avec l'homme des ruptures à venir, le cubo-futuriste des années 1912-1913, le complice d'Apollinaire et Duchamp, le dadaïste détournant l'imagerie des machines modernes afin de délier la peinture de son obligation de dire l'humain, voire le réel. Parce que les tableaux impressionnistes de Picabia recyclent parfois Sisley et Pissarro, ou s'aident de clichés, il faudrait y déceler ce qui serait la clef unique de l'artiste, soit le remplacement du médium traditionnel par une esthétique du second degré et de la désublimation, fruit de l'audace, de la citation et du trivial.

Or cette théorie se révèle boiteuse. Écoutons Picabia prenant la presse à témoin en 1907 de la sincérité absolue de son impressionnisme, où il voyait l'expression d'une harmonie radieuse entre le peintre et son sujet : « Le métier ne doit plus être que l'écriture dont l'artiste se sert pour rendre l'impression. Il ne faut pas vouloir être personnel de force. » Picabia, émule de Pissarro au temps de Picasso, cachait-il son jeu ? Exaltait-il la probité de l'artiste quand, à couvert, il en sapait les fondements ? La thèse du truqueur s'autorise de la forte influence de Nietzsche sur l'artiste débutant, Nietzsche pour qui la situation des modernes, distincte des hommes de l'Antiquité, appelait une littérature marquée d'ironie. Mais le philosophe allemand est aussi celui qui aura stigmatisé les deux dangers de cette ironie, le cynisme et le nihilisme. Aussi peut-on lire le récit de Marcadé, fidèle à la théorie du double jeu, comme riche d'une interprétation souvent différente de la sienne. C'est dire qu'il y a matière à réflexion dans les 700 pages de sa biographie, où sont valorisées les années 1912-1927, quand Picabia se tient à égale distance de la tradition et de l'avant-garde. Cubisme, futurisme, abstraction, rien ne saurait accoucher d'un nouvel académisme. Or ce rejet des étiquettes inverse-t-il la profession de foi de 1907 ? Il y a encore mieux. À partir des années vingt, avec une ardeur qui embarrasse certains aujourd'hui, Picabia participe au renouveau figuratif, jusqu'à emboucher la trompette de la réaction. En 1927, toujours dans *Comœdia*, il renvoie dos à dos le traditionalisme stérile et l'impuissance moderniste. En défense de la « belle forme » et de « l'art d'idée », il lance ses *Transparences,* entrelacs de figures et d'emprunts aux Anciens (de Botticelli à Guido Reni) s'interpénétrant en de captivantes hybridations (4). Donjuanisme et grosses voitures affichent un succès qu'assombrissent à peine de sévères addictions et dépressions. Tout au long des années trente, depuis la Côte d'Azur et ses fêtes lucratives (5), Picabia ne boude pas les dignités officielles. En 1933, Légion d'honneur en poche (6), il se place sous l'aile de

Gertrude Stein et du néohumanisme pictural qu'elle collectionne. Quand les achats de l'État reprennent en 1937, il peint *La Révolution espagnole*, charge antirépublicaine et « pendant grotesque » (Marcadé) ou « goyesque » (Arnauld Pierre) du *Guernica* de Picasso. Viendront juin 1940 et le soutien à Pétain dans *L'Opinion* du 1er mars 1941 (7). Picabia y chante le maréchal, réponse au « matérialisme » égoïste et électrochoc d'une « jeunesse » qui ne demande qu'à vivre pleinement. Ses *Nus* bientôt controversés ne doivent pourtant rien à l'hygiénisme vichyssois, mais tout à cette « vie », son éternel credo nietzschéen.

1. Voir Carole Boulbès, « Francis Picabia vu de Suisse et d'Amérique. Sur les rétrospectives de Francis Picabia au Kunsthaus Zurich et au MoMA, New York », *May*, 2017 (consultable en ligne).
2. Bernard Marcadé, *Francis Picabia, rastaquouère*, Flammarion, 2021.
3. Sans y rattacher son attitude d'embusqué en 1914-1918, Marcadé cite abondamment ce que les compagnes du peintre, Gabriële Buffet et Germaine Everling, ont dit de sa duplicité continue, de son égoïsme tenace et même de sa « lâcheté ». Le biographe admet aussi que le cynisme de certaines des provocations de Picabia dérapa de temps à autre. Ainsi, en mars 1922, ironisait-il sur le mercantilisme des « fils d'Israël », tout en soulignant n'être pas antisémite. À l'appui de ses dires, on notera les attaques qu'il porte à Camille Mauclair fin 1931 et les relations qu'il a entretenues, jusque sous l'Occupation, avec Léonce Rosenberg, Henri Goetz, Christine Boumeester et, bien sûr, Gertrude Stein. Arrêté à la Libération, il obtient un rapide non-lieu.
4. Au sujet des *Transparences*, que Marcadé rapproche des relations charnelles simultanées du peintre, il eût été intéressant de se pencher sur l'iconographie, souvent biblique, de ces tableaux raffinés. De manière générale, les spécialistes de Picabia, hormis William Camfield, rabattent à tort les thèmes sacrés de sa peinture sur l'anticléricalisme tapageur, et renié au cours des années 1920-1930, de la période dada.
5. Marcadé a raison de s'attarder sur l'extrême mondanité de Picabia, qu'Aragon a génialement crucifiée dans *Aurélien* (1944). Soulignons aussi la régularité maladive avec laquelle le peintre dénonce la spéculation dont ses concurrents abuseraient, obsession égale à son souci de vendre sa peinture par tous les moyens...
6. En 1950, il est élevé au rang d'officier de la Légion d'honneur.
7. On sait que Gertrude Stein, encouragée par son ami Bernard Faÿ, a traduit 32 discours de Pétain, en qui, précise Marcadé, elle voyait le « sauveur » qui avait évité la guerre.

LIVRES

Par qui sonne le glas

› Patrick Kéchichian

À la lecture du dernier livre d'Alain Finkielkraut (1), une image s'est imprimée dans mon esprit. Elle peut sembler incongrue, inutilement dramatisée, il n'empêche, je l'assume. Un homme seul, déjà avancé en âge, chante d'une voix vibrante un *requiem*, dans une église dévastée, comme Notre-Dame de Paris après l'incendie de 2019. Il est seul, debout dans le chœur. La voix est nette, les paroles sont audibles malgré le bruit assourdissant de l'écroulement du lieu. Les ruines alentour donnent à sa parole et à son chant une épaisseur, une nécessité particulières.

Académicien, auteur de nombreux livres inscrits dans les strates et les questions des dernières générations, celles qui ont suivi Mai 68 (un mois qui, quoi qu'on en dise, « n'a dévoré ni ses ennemis ni ses enfants »), Finkielkraut reste un homme, un penseur public honni par une partie des personnes qui ne le lisent pas. Ou qui, plus précisément, entendent des échos déformés, caricaturés, de ses propos, qu'ils jugent et condamnent aussitôt, jusqu'à l'outrage, à l'aulne de ces déformations. C'est vrai, sa voix est véhémente, pleine de colère souvent. De telle tribune de presse à tel plateau de débat télévisé, il s'emporte, parle souvent plus vite, plus fort qu'il ne devrait. La tempérance est une discipline difficile, qui s'accommode mal des lois du rapport de force médiatique. Mais peu importe, ce qui est dit est dit.

Le livre dont il est question ici n'est pas débarrassé de toutes ces colères cumulées, sans remède. Mais un pas de côté, un dernier pas, est franchi, en direction de ce qui, seul, importe. Comment nommer cela ? La vérité ? La conscience ? La résistance ? La fidélité ? Là, sur ce terrain où plus aucun micro n'est tendu, aucune caméra n'est en action, un homme écrit, concentré, déterminé. Il sera temps, peut-être, après publication, de débattre encore et encore, de monter à nouveau au front… Dans un livre ancien, *La Sagesse de l'amour* (2), Finkielkraut écrivait ces lignes : « Tout dans la chambre est silence, les choses semblent retourner au néant, et, cependant, l'oreille aux aguets perçoit un étrange brouhaha dans l'immobilité. Il n'y a rien, mais ce vide est dense, cette paix est un tapage… » La littérature, puisque c'est d'elle qu'il s'agit, est là, dans ces lignes, non pour égayer le décor mais pour habiter ce silence, pour contrer ce tapage. Et surtout pour faire entendre l'essentiel – une essence qui, sans elle, n'aurait pas voix au chapitre. « La littérature est la jurisprudence de la vie humaine », soulignait Marc Fumaroli, cité ici. Ce n'est pas une formule mais une admirable définition. Elle indique avec précision le chemin qu'emprunte la conscience pour rester fidèle à elle-même. Elle suggère également que la mémoire que nous partageons est un bien, jamais un poids dont il faut chercher à se délester.

Abonnez-vous à la Revue des Deux Mondes et économisez 73 €

BULLETIN D'ABONNEMENT

À compléter et à retourner accompagné de votre règlement.
Revue des Deux Mondes - Service abonnements -
235, avenue Le jour se lève - 92100 Boulogne-Billancourt.

OUI, JE SOUHAITE PROFITER DE CETTE OFFRE (PAPIER + NUMÉRIQUE)

❍ Je m'abonne ❍ J'abonne un proche

1 AN (9 numéros)

❍ En France : 89 € au lieu de 162 €** ❍ À l'étranger : 129 € au lieu de 162 €** ❍ Numérique : 75 € au lieu de 89,90 €**
❍ Étudiant : 65 € au lieu de 162 € (Joindre un justificatif)

2 ANS (18 numéros)

❍ En France : 165 € au lieu de 324 €** ❍ À l'étranger : 255 € au lieu de 324 €** ❍ Numérique : 145 € au lieu de 179,80 €**

MES COORDONNÉES

❍ Mme ❍ Mlle ❍ M.

NOM .... Prénom ....

Adresse ....

Code postal |_|_|_|_|_| Ville .... Pays ....

Tél. .... E-mail .... @ ....

LES COORDONNÉES D'UN PROCHE

❍ Mme ❍ Mlle ❍ M.

NOM .... Prénom ....

Adresse ....

Code postal |_|_|_|_|_| Ville .... Pays ....

MODE DE RÈGLEMENT

❍ Chèque à l'ordre de la Revue des Deux Mondes

❍ Carte bleue, Visa, MasterCard*** N° |_|_|_|_| |_|_|_|_| |_|_|_|_| |_|_|_|_|

Expire à fin |_|_| |_|_|

Notez les 3 derniers chiffres du n° inscrit au dos de votre carte bancaire à droite de la signature |_|_|_|

Signature obligatoire :

*** Prix de vente au numéro*

**** Rayer la mention inutile*

Conformément à la loi « Informatique et Liberté» du 6 janvier 1978, vous disposez d'un droit d'accès et de rectification aux données vous concernant. Par notre intermédiaire, ces données pourraient être communiquées à des tiers, sauf si vous cochez la case ci-contre ❍

ARDMNOV21 RCS PARIS B 622 057 586

POUR LES FRANÇAIS LE PLAISIR DURE EN MOYENNE 27 MINUTES*

*Les lecteurs de magazines consacrent en moyenne 27 minutes par jour au plaisir de la **Presse Magazine.**

INFORMER. DÉCOUVRIR. APPROFONDIR.

PRIX RELAY DES MAGAZINES DE L'ANNÉE 2021

sepm SYNDICAT DES ÉDITEURS DE LA PRESSE MAGAZINE

RELAY

LES MAGAZINES DE L'ANNÉE 2021

Découvrez chez RELAY et sur relay.com les magazines les plus talentueux et les plus audacieux de l'année.

Que faut-il entendre dans cet « après » crépusculaire du titre ? La littérature est-elle déjà morte, ou en irrémédiable voie d'extinction ? Plus rien n'est-il à écrire ? Alain Finkielkraut n'est certes pas un optimiste, encore moins un idéologue béat du progressisme. Pourtant, même si son espérance n'est pas proprement chrétienne, il garde en lui un noyau d'énergie, de confiance, nourri au feu de la pensée et de l'œuvre de Charles Péguy, avec sa « voix de mémoire engloutie ». L'humour, par exemple, celui que Milan Kundera (l'un des piliers de sa confiance en la littérature, avec Philip Roth) jugeait fragile, « pas là depuis toujours » ni « là pour toujours non plus », a cédé la place aux « ricaneurs d'après l'humour ». Ces nouveaux persifleurs « accablent de leurs sarcasmes ceux qui regardent nostalgiquement derrière eux ou qui ne montrent pas assez de respect pour les dogmes du jour ». Si « l'État totalitaire est mort, l'esprit totalitaire demeure », insidieux, sournois, violent, bavard surtout, réfractaire à toute parole qui cherche la vérité ; une vérité forcément fragile, tremblante, qu'on n'assène pas à coups de gourdin idéologique. Nous sommes devenus des « apatrides spirituels », écrit Finkielkraut, tentés par des dogmes nouveaux, prétendument universalistes, toujours plus étroitement attachés, enchaînés, à l'air du temps. Et de citer Polybe : « Aucune civilisation ne cède à une agression extérieure si elle n'a pas d'abord développé un mal qui la rongeait de l'intérieur. » Et de commenter : « Ce mal est aujourd'hui d'autant plus redoutable qu'il se présente comme l'accomplissement du Bien. »

La littérature n'a peut-être pas d'avenir (malgré le péril, cela reste à prouver...), elle a un passé, et aussi un présent. Dans son récent et bref livre de Mémoires (3), Finkielkraut insistait sur l'idée, mise en grand danger, « qu'on puisse aimer, c'est-à-dire sauvegarder, soigner, servir, honorer, écouter la langue ». Une langue qui n'est pas le moyen ou l'instrument de la littérature mais sa raison d'être. Ce dont ce livre sur l'après-littérature témoigne, selon un paradoxe qui n'est qu'apparent.

1. Alain Finkielkraut, *L'Après littérature*, Stock, 2021.
2. Gallimard, 1984, et Folio essais, 1988.
3. *À la première personne*, Gallimard, 2019.

LIVRES

La fin de la chrétienté : l'analyse de Chantal Delsol

› Robert Kopp

Le constat a été fait maintes fois : depuis les années soixante, le catholicisme français s'est totalement effondré. Ironie de l'histoire : c'est au moment même où l'Église tentait, par le concile Vatican II (1962-1965), d'adapter la religion au monde moderne que le décrochage est devenu massif et irréversible. En un demi-siècle, le pourcentage des Français baptisés est tombé à moins de un sur quatre (alors qu'il était à plus de neuf sur dix) et la pratique dominicale régulière, qui était encore de 25 %, tourne désormais autour de 2 %. Nous ne pouvons que constater la fin d'une civilisation qui est entrée en agonie au lendemain de la Révolution française. Celle-ci, contrairement aux révolutions néerlandaise, anglaise et américaine, qui ont eu lieu dans des pays protestants et se sont faites en bonne entente avec des Églises ouvertes aux idées nouvelles, s'est positionnée contre l'Église catholique, si bien que la République était congénitalement anticléricale et l'est restée bien au-delà des lois de séparation. Prenant elle-même la place de la civilisation gréco-romaine, la civilisation chrétienne, en France, aura duré environ seize siècles. Mais c'est désormais une autre civilisation qui se met en place, aussi différente de la civilisation chrétienne que l'était celle-ci de la civilisation païenne.

C'est sur ces changements de paradigme que nous invite une nouvelle fois à réfléchir Chantal Delsol, qui, depuis ses essais sur *L'Autorité* (1994), *La Modernité tardive* (2000), *L'Âge du renoncement* (2011) ou *Le Crépuscule de l'universel* (2020), ne cesse d'interroger la révolution culturelle à laquelle nous assistons. Son dernier livre, *La Fin de la chrétienté* (1), analyse cette révolution au sens premier du terme, puisqu'il s'agit d'un retournement complet des constellations sous lesquelles l'Europe et le monde occidental ont vécu de la fin de l'Empire romain jusqu'à la fin de l'ère chrétienne.

En effet, c'est bien une inversion de toutes les normes philosophiques, religieuses, sociales qui se produit sous nos yeux. Sauf que ce phénomène n'est pas inédit puisqu'il est comparable à ce qui s'est produit au début de l'ère chrétienne. « L'univers chrétien était l'envers de celui des Romains », écrit Chantal Delsol, et de citer nombre de témoignages d'auteurs du IVe siècle, qui ont vécu une insécurité culturelle lointainement comparable à la nôtre. Inversion des normes juridiques qui forment la base de la société, par exemple, puisque, dans les années soixante et soixante-dix, les lois sur l'homosexualité, le divorce, l'avortement, la pédophilie, le suicide ont totalement changé. Ce qui était prohibé par une société à dominante chrétienne est désormais autorisé. Comme ce fut peu ou prou le cas chez les Romains, avant l'avènement du christianisme.

De telles inversions ne vont évidemment pas sans de profonds changements dans les domaines philosophique et religieux. Ce sont les croyances qui forment le fondement des mœurs. Aux IIIe et IVe siècles, une foi nouvelle, le christianisme monothéiste, a pris la place du polythéisme romain. De l'un à l'autre, la place de l'homme dans l'univers, la nature du monde et des dieux ont été totalement bouleversées. Comme ce fut le cas au moment du passage au monothéisme des juifs, dont nous parle Tacite, par exemple : « Moïse, pour s'assurer la fidélité de la nation, lui donna des rites nouveaux et opposés à ceux des autres mortels. Là est profane tout ce qui nous est sacré et, par contre, permis tout ce que nous tenons pour abominable. »

Ce passage du polythéisme au monothéisme, cet âge axial (*Axenzeit*) étudié par Karl Jaspers, correspond au passage de la religion primaire à la religion secondaire, sans que les traces de la religion primaire aient été totalement effacées pour autant. « Le cosmothéisme n'a jamais disparu de la scène dans les sociétés occidentales façonnées par le monothéisme. De nombreux auteurs ou figures s'en inspirent à des degrés divers : l'alchimie, la cabale, Spinoza, la franc-maçonnerie, Lessing, le romantisme allemand, Goethe, Freud, le nazisme, le new age… » C'est que les religions secondaires sont fragiles et sans cesse menacées d'un retour des religions primaires. D'où l'intérêt renouvelé dès la Renaissance pour le polythéisme, pour Épicure et Lucrèce, d'où la Renaissance orientale au XIXe siècle, étudiée par Raymond Schwab, et dont participe Schopenhauer, par exemple, et qui a intrigué Nietzsche, d'où la tentation du panthéisme, dont Tocqueville a déjà noté qu'il correspondait aux exigences de l'égalitarisme.

Et c'est bien un nouveau cosmothéisme qui se répand aujourd'hui, préconisant, après le règne de Dieu et après celui de l'homme, le règne de la nature. L'écologie comme nouvelle religion, valorisant la vie simple, de Nietzsche au nazisme et de Ludwig Klages à Ivan Illich. Il ne s'agit pourtant pas d'un retour, mais plutôt d'un mouvement en forme de spirale. Tout comme le christianisme a réutilisé et s'est incorporé des éléments du paganisme, le nouveau cosmothéisme réemploie des matériaux et parfois le langage même du christianisme. L'histoire ressemble à un palimpseste : sous notre présent transparaissent les restes de nombreux états antérieurs.

À la vérité cachée derrière les mythes des Anciens, le judéo-christianisme avait substitué la vérité exclusive révélée par les Tables de la Loi. Mais « nous avons profané l'idée de vérité, à force de vouloir à tout prix identifier la foi à un savoir ». Et nous avons sans doute vidé le christianisme de son sens en voulant l'imposer partout. L'institutionnalisation tue le message, disait déjà Kierkegaard. Mais Kierkegaard était protestant. Quant au discours évangélique, il est récupéré aujourd'hui par le discours de solidarité et d'égalité. La religion est remplacée par la morale, dont l'État est chargé d'assurer le respect et de sanctionner les infractions.

Ce que propose Chantal Delsol, ce n'est évidemment pas une histoire de la fin de la chrétienté, qui a été faite avec toute l'acribie souhaitable par Guillaume Cuchet (2). C'est une grille de lecture qui nous invite à comprendre le changement s'opérant sous nos yeux à travers un changement de paradigme, par comparaison avec cet autre changement de paradigme qui a présidé à l'avènement de cette civilisation chrétienne dont nous ne pouvons désormais que constater la fin. Quelle est la conclusion qu'en tire l'auteure, qui se définit elle-même comme « catholique traditionaliste » ? C'est que le christianisme survivra à la chrétienté, mais que, devenu définitivement minoritaire, il doit oublier ses habitudes de religion majoritaire et se réinventer comme minorité, comme les juifs et les protestants, sans aucun espoir de reconquérir les positions perdues. Les chrétiens se transformeraient alors, à la façon des moines de Tibhirine, en « agents secrets de Dieu », renonçant à établir une société gouvernée par l'Évangile, mais marchant, comme disait Saint-Exupéry, « tout doucement vers une fontaine ».

1. Chantal Delsol, *La Fin de la chrétienté*, Cerf, 2021.
2. Guillaume Cuchet, *Comment notre monde a cessé d'être chrétien. Anatomie d'un effondrement*, Seuil, 2018, ainsi que *Le catholicisme a-t-il encore de l'avenir en France ?*, Seuil, 2021.

FILMS
La Flor

› Richard Millet

Les films-fleuves, nous en connaissons : *Out 1* de Jacques Rivette (12h40), *La Condition de l'homme* de Masaki Kobayashi (9h49), *Guerre et Paix* de Sergueï Bondartchouk (8 heures), *Le Tango de Satan* de Bela Tarr (7h30), sans parler de *Shoah* de Claude Lanzmann (9h20), ou de *Senses* de Ryûsuke Hamaguchi (5h15) dont je parlerai prochainement. *La Flor* de l'Argentin Mariano Llinás s'inscrit dans une lignée qui nous confronte avec la vérité du cinéma autant qu'avec nous-mêmes. Un peu, si l'on veut, comme les grands romans du Chilien Roberto Bolaño (*Les Détectives sauvages* ou *2666*) interrogent notre place dans le monde à travers les miroirs multiples de la littérature.

La Flor : six histoires indépendantes, explique d'entrée de jeu le réalisateur, filmé au bord symbolique d'une route. Six « épisodes » qui commencent et ne finissent pas vraiment, à l'exception du cinquième qui a un début et une fin, « comme une histoire ». Le générique, lui-même, de 40 minutes, filmé l'image renversée, pourrait constituer un septième épisode, l'unité de l'ensemble étant donnée par les quatre actrices principales, qui changent de rôles d'un épisode à l'autre, et auxquelles on s'attache comme à des sœurs ou à des fiancées à la fois proches ou lointaines, et impossibles : Pilar Gamboa, Elisa Carricajo, Laura Paredes, Valeria

Correa… La réflexion constante, directe ou mise en abîme, du réalisateur sur son art est l'autre lien qui rend légitime ce qui peut sembler décousu.

Qu'on ne s'effraie pas d'une telle présentation, ni de ce qui pourrait relever d'un fourre-tout avant-gardiste ou « expérimental ». Au spectateur de trouver son rythme de visionnage, en s'abandonnant par exemple aux unités de temps de chaque épisode, ou de chaque partie (ou « acte »), lesquelles vont en gros de 90 à 120 minutes, et peuvent faire retrouver le confort de l'amateur de séries, sans l'aliénation addictive qui guette ce dernier. Chaque épisode relève en outre d'un genre particulier, tout comme la musique de la bande-son due à Gabriel Chwojnik.

Le premier, placé sous une épigraphe de René Char, imite un film de série B, « du genre que les Américains tournaient les yeux fermés et qu'ils ne savent plus faire », dit Llinás de cette histoire de momies indiennes qui touche au fantastique, aux confins d'un désert où des archéologues semblent affectés d'un mystérieux virus, où les femmes sont menacées par des hommes brutaux, où les momies ressemblent à ceux qui les regardent… « Je vais t'expliquer… », dit un personnage, à la fin ; rien ne le sera, et peu importe, puisqu'on passe à l'épisode suivant, à un mystère d'un autre genre, à travers une histoire d'amour dont on ignore si elle est une représentation de l'amour ou si elle est réellement vécue, où un homme a été bouleversé par le chant d'une femme, dans un théâtre de province, par une nuit pluvieuse, au bord d'une lagune, comme dans un film d'Antonioni, l'énigmatique régissant leurs rapports qui sont ceux d'un amour déséquilibré entre un homme célèbre et une femme très jeune, dont l'un quitte l'autre, à moins que ce ne soit l'inverse, la relation pouvant être inversée. « Il a cessé d'être un homme pour moi : il est devenu une cause, un but », dit la femme, laquelle est aussi vue comme une « Méduse » : deux versions d'une réalité en fin de compte douteuse, sur le mode de la comédie musicale – que le cinéaste place sous l'égide du Velvet Underground –, sans s'interdire une nouvelle version de l'histoire, avec des personnages en quête d'éléments scientifiques sur la toxine des scorpions.

Le troisième épisode, le plus long, divisé en trois « actes », et placé sous une épigraphe de Nerval, est une histoire d'espions dont le réalisateur lui-même avoue qu'elle n'est pas très claire. Peu importe d'ailleurs : tous les poncifs du genre y sont, et les lieux, Bruxelles, Berlin, Moscou, Paris, tueurs, fausse et cependant réelle histoire d'amour entre deux tueurs, l'ensemble fortement ironique, avec des clins d'œil à Tintin, à James Bond, Le Carré, Godard… Llinás joue aussi avec l'ennui – celui d'un genre si éculé qu'on ne peut que s'y ennuyer, sauf si on y réintroduit l'humain, au lieu de se contenter des simulacres, le réalisateur étirant donc les situations jusqu'à l'insoutenable pour nous renvoyer à ce que nous sommes et non plus à ce que nous nous rêvons. La « *flor* » du titre, le « *rosebud* » du film, est sans doute la fleur qu'un joueur d'orgue ambulant offre aux deux tueurs amants, avant que leurs rôles ne les séparent. « Que fait un tueur quand il ne travaille pas ? » « Rien. » C'est ce néant qu'interroge le film dont l'intrigue (l'enlèvement d'un savant scandinave) n'a presque pas d'importance : la voix *off* devient, comme dans l'épisode russe, d'une grande beauté littéraire, et nous montre, ou nous rappelle, que l'essentiel se trouve toujours dans le débordement du genre ou dans les marges…

Llinás ré-intervient dans le film pour une sorte d'entracte où il annonce que nous sommes à environ quatre heures de la fin. C'est le moment d'un film dans le film : une mise en abîme du film, sa partie la plus étrange, sans doute, où l'on voit une équipe de tournage, en quête d'arbres dans la campagne argentine, sombrer dans la folie, et leur voiture perchée au sommet d'un eucalyptus. Les « Lettres de Gatto » interrogent ce fait extraordinaire sans lui donner de réponse – le vrai mystère étant celui de l'humain, suggère Llinás, après un hommage au Renoir de *Partie de campagne,* dont il propose ici un remake d'une durée identique, lui aussi muet, et en noir et blanc, avant l'ultime et bref épisode, également muet, mais en couleurs, où les quatre actrices sont filmées de loin avec un objectif granuleux, comme des prisonnières du désert en train de se baigner dans un fleuve ; manière de nous rappeler que ce film est fait « pour elles », comme on le voit dans le bouleversant passage où elles sont filmées, sans rien dire, pendant les dix minutes que dure l'adagio du *Concerto en sol* de Ravel.

MUSIQUE

À l'Est, du nouveau avec Saint-Saëns

› Olivier Bellamy

Il a gardé l'image d'un vieillard grognon au style académique et hostile à toute nouveauté. Cet « ennemi du progrès » est pourtant le premier compositeur de renom à s'intéresser au cinéma tout neuf. En écrivant la musique de *L'Assassinat du duc de Guise* (1908) ou en acceptant de participer à *Ceux de chez nous* (1915) de Sacha Guitry.

Ce « réactionnaire » est aussi pionnier parmi les grands musiciens à succomber à la mode du japonisme qui fait fureur à la fin du XIXe siècle, principalement en France, où peintres, écrivains et décorateurs se prennent de passion pour un monde de paravents, laques, porcelaines, estampes et éventails à l'Exposition universelle de 1867 à Paris.

Bien avant *Madame Chrysanthème* (1888), le livre à succès de Pierre Loti qu'André Messager mettra en musique, bien avant les poèmes de Baudelaire et de Mallarmé, *Madame Butterfly* (1904) de Puccini ou l'intérêt des Maurice Delage, Stravinsky, Chostakovitch ou Messiaen pour la poésie japonaise, Saint-Saëns compose *La Princesse jaune* alors qu'il n'a pas 40 ans. Pour la scène, il a déjà écrit *Le Timbre d'argent* et entrepris *Samson et Dalila*, mais son troisième opéra sera le premier à être joué en public, à l'Opéra-Comique, en 1872. Malgré l'engouement pour l'orientalisme, c'est un four mémorable : « l'enfantillage se mêle à l'entortillage », « partition à l'opium », « fouillis », « bruits sans contours »... Étonnante volée de bois vert pour une œuvre aussi claire, fine et colorée. L'argument de ce court opéra en un acte est également plein d'esprit : un artiste hollandais est amoureux de l'image d'une princesse sur une estampe japonaise et sa cousine en est jalouse. Pour donner vie à ce phantasme, il avale un philtre (de cocaïne !) et sombre dans un délire qui lui fait apparaître sa cousine sous les traits de son égérie. La réalité aura finalement raison du rêve et Cupidon saura se montrer généreux.

On va étrangement reprocher à Louis Gallet, l'auteur du livret, la fadeur de son poème et à Saint-Saëns le « wagnérisme » de sa musique. La guerre de 1870 a laissé des traces d'hostilité envers tout ce qui est germanique. Surtout, la critique ne fait pas preuve d'un grand discernement. Faut-il rappeler à quelles avanies la *Carmen* de Bizet sera bientôt confrontée?

Moins souvent représenté que *Samson et Dalila*, l'ouvrage de Saint-Saëns ne mérite pas le purgatoire scénique et discographique dans lequel il est actuellement plongé. C'est dire si l'initiative de l'indispensable Palazzetto Bru Zane de consacrer son nouvel opus (1) à cette rare pochade exotique de Saint-Saëns (disparu il y a un siècle) est bienvenue, après l'édition récente des *Barbares*, de *Proserpine* et du *Timbre d'argent*. Quatre opéras (sur treize) du commandeur de la musique française (mort à Alger) sont donc disponibles dans une version luxueuse, tant du point de vue de l'édition (livret de 100 pages) que de la production, qui bénéficie de l'Orchestre national du Capitole de Toulouse au son idéalement chaud (Leo Hussain à la direction) et des voix de Judith van Wanroij, Mathias Vidal et Anaïs Constans. En prime, les *Mélodies persanes* de Saint-Saëns interprétées par six excellents chanteurs.

Après ce voyage en Orient d'un Français sensible aux paradis artificiels, passons au goût du plus francophile des ténors américains pour les montagnes russes vocales. Je veux parler de Michael Spyres, dont tous les amateurs de chant sont toqués depuis son époustouflant *Postillon de Lonjumeau* d'Adam mis en scène par Michel Fau à l'Opéra-Comique. Cette voix à la fois veloutée et ductile sait non seulement vocaliser plus vite que son ombre, mais couvre un large *ambitus* qui nécessite l'emploi du néologisme « barytenor » pour la qualifier. Avec une facilité déconcertante, Michael Spyres (2) passe des quatorze *sol* aigus de l'air alternatif des *Noces de Figaro* ou de la voix de fausset du « Largo al factotum » du *Barbier de Séville* aux neuf contre-*ut* de *La Fille du régiment*, au spectaculaire contre-*ré* du *Postillon de Lonjumeau*, en passant par les aigus héroïques de l'*Ariodant* de Méhul. L'Orchestre philharmonique de Strasbourg dirigé par Marko Letonja lui offre le plus vibrant des soutiens. Dans le livret, Michael Spyres nous rappelle que son impressionnant registre vocal a eu des antécédents si l'on se souvient que le grand Manuel Garcia passait sans peine du comte Almaviva du *Barbier* (ténor léger) à celui des *Noces* (baryton). Et comment ne pas évoquer Andrea Nozzari, à qui Rossini a confié pas moins de neuf rôles dont son *Otello* à la tessiture casse-cou ? Ou Victor Maurel, le baryton marseillais à qui Verdi a confié la création de *Iago* et *Falstaff* ? Sans oublier *Les Contes d'Hoffmann* où Offenbach hésita à confier son rôle-titre à un baryton avant de l'offrir au ténor. Contrairement à Debussy, qui préféra la couleur de baryton Martin à celle du ténor pour son Pelléas.

En dix-huit airs qui traversent tous les répertoires, de Mozart à Wagner et d'Ambroise Thomas à Korngold, Michael Spyres nous donne une étourdissante leçon de chant qui est aussi un feu d'artifice vocal. Et quel acteur !

1. *La Princesse jaune* de Camille Saint-Saëns, Orchestre national du Capitole de Toulouse, Leo Hussain, direction (Palazzetto Bru Zane).
2. *BariTénor* avec Michael Spyres (ténor), Orchestre philharmonique de Strasbourg, Marko Letonja, direction (Erato).

EXPOSITIONS

La retenue photographique

› Bertrand Raison

L'œuvre photographique de Vivian Maier (1926-2009) n'a été montrée que très récemment. Une découverte due au hasard et à la ténacité d'un agent immobilier de Chicago, John Maloof, collectionneur, cinéaste et chineur à ses heures qui, en 2007, pensant acheter un lot de photos anonymes pour sa propre documentation, s'aperçoit de l'importance de ce qu'il a sous les yeux. Il s'empresse de rechercher toutes les traces de cet auteur inconnu et complète peu à peu sa collection qui, de par son ampleur, va faire autorité en la matière, même si deux autres chineurs se disputent les restes du contenu d'un garde-meuble dont la location n'avait plus été payée depuis plusieurs mois. Triant en 2009 des cartons acquis lors d'une vente aux enchères, il repère enfin sur une enveloppe le nom de son inconnue morte quelques mois auparavant. À partir de là, tout s'emballe et le marché de l'art fasciné par la nouvelle venue s'attellera à sa promotion. Ainsi l'exposition du musée du Luxembourg (1) proposant, en une centaine de tirages et documents (films, appareils photo, photos de studio), un panorama des années cinquante aux années quatre-vingt, s'inscrit-elle très naturellement dans ce processus de reconnaissance. Il faut avouer que la surprise est de taille si l'on considère l'ensemble du corpus, soit 120 000 images noir et blanc et couleur, 150 films super 8 mm et 16 mm, des enregistrements audio, des photographies d'origines diverses ainsi qu'un nombre impressionnant de pellicules non développées. Or l'histoire de celle qui entassa soigneusement ses trésors dans les fameux cartons appartient autant à l'ombre qu'à la lumière. Fille d'émigrés européens installés aux États-Unis, elle passe son enfance des deux côtés de l'Atlantique entre la France et Manhattan puis à Chicago, où elle s'éteindra. Ce parcours reste auréolé de mystère. Nous découvrons certes ses photos qu'elle-même, faute de moyens ou par volonté, ne développait que rarement, plus intéressée semble-t-il par l'expérience du regard que par le résultat. Et, en ce qui la concerne, nous ne savons pas grand-chose, sauf qu'elle gagnait sa vie comme gouvernante ou garde-malade. Ce sont d'ailleurs les enfants d'une famille de Chicago dont elle s'était occupée qui, alors qu'elle était tombée dans une extrême misère au cours des années 2000, l'ont retrouvée et recueillie. « Nounou » donc, un métier exercé sans trop d'enthousiasme, à l'entendre, mais qui lui permettait de se livrer à son désir photographique tout en observant le plus grand silence sur sa pratique. Elle n'en parlait pas et ne s'est même pas souciée de donner l'adresse du garde-meuble de ses secrets. Pure négligence ou démonstration que seul importe l'acte de capturer l'image. Ne pas s'encombrer, aller à l'essentiel. C'est ce que l'on remarque dans l'attention constante et précise qu'elle porte à son quotidien, à son environnement, aux gens rencontrés dans la rue. Elle observe le détail des mains qui se croisent, des pieds sur la chaussée, d'un journal froissé sur le coin d'un trottoir, de la chevelure sculptée d'une femme vue de dos, d'un homme endormi bouche ouverte allongé sur le seuil d'un immeuble. Tant et si bien que la critique l'a immédiatement propulsée dans les rangs de la « *street photography* » américaine auprès de Diane Arbus ou de Garry Winogrand. Pourquoi pas. On souligne aussi son absence de formation, son côté autodidacte, comme si le fait d'ouvrir l'œil après tout n'était pas, à lui seul, le fruit d'un apprentissage permanent qu'elle poursuivait en fréquentant cinémas et musées. Parmi les étiquettes dont on l'affuble, il y en a une tenace qui en ferait l'icône des petites gens avec cette modestie besogneuse qu'on leur suppose, abonnés en somme à leur petitesse. Oui, on le voit, cela crève les yeux, nous contemplons la banalité des faits et des gestes. Parti pris qui la mettrait du côté de la photographie humaniste à la Doisneau, et pourtant ce que saisit son objectif échappe à la pure description. Une démarche apparentée à celle de Garry Winogrand, qui disait qu'une photo ne se limite pas à ce qui a été photographié. C'est en effet quelque chose d'autre que l'on perçoit dans les clichés de Vivian Maier, à commencer par les autoportraits qu'elle ne cesse de prendre tout au long de son existence et dont certains reproduisent uniquement l'ombre de sa silhouette. Ou encore ce photogramme couleur tiré d'un film super-huit (1969) qui montre le reflet, dans une vitrine, de son visage à moitié masqué par la caméra. Le phénomène de réflexion confondant les différents plans qui la cernent, nous sommes incapables de savoir si elle est à l'intérieur ou à l'extérieur du magasin. Ce dispositif maintient une sorte d'entre-deux qui la fragilise et la renforce en jouant sur sa visibilité partielle. L'attention accordée au cadre procure aux personnes ou aux objets photographiés une distance. Ils sont certes capturés par l'objectif de la photographe mais jamais anecdotisés, pris mais jamais sous emprise. Ils conservent leur autonomie, leur singularité. Dès lors, entre la vie et l'œuvre, s'il y a naturellement des liens qui se tissent, l'un d'entre eux pourrait bien être le rapport constant à une certaine réserve.

1. « Vivian Maier », musée du Luxembourg, Paris, jusqu'au 16 janvier 2022.

LES REVUES EN REVUE

Pallas

› Charles Ficat

Le Cahier des livres

› Mikaël Gómez Guthart

Gaia

› Lucien d'Azay

Germinal

› Hortense Guégan

LES REVUES EN REVUE

Chaque mois les coups de cœur de la rédaction

Pallas

Revue d'études antiques
N° 116, 2021, 318 p., 25 €

Fondée en 1952 par Robert Lucot, *Pallas* est une revue universitaire consacrée aux études gréco-latines sous toutes leurs formes. Publiée avec le concours des universités Toulouse Jean-Jaurès et Aix-Marseille, elle présente un ou deux dossiers par numéro. Dans cette livraison, la première partie aborde l'« iconographie en situation : images, supports et contextes en Grande Grèce ». Comme son sujet le suggère, de nombreuses illustrations de vases et autres situles ou cratères accompagnent les études fort savantes sur ces objets artisanaux qui représentent des scènes mythologiques. Le second dossier traite de la « fabrication de l'Antiquité par les Anciens », témoignage de leur admiration et de leur création vis-à-vis du passé. On appréciera à ce propos l'article relatif aux origines de la médecine dans la lettre 95 à Lucilius de Sénèque ou celui explorant les étymologies grecques de Guillaume Budé, helléniste réputé, un des phares de la Renaissance en France, figure insuffisamment valorisée. Assurément, *Pallas* est une revue d'humaniste. Qui a dit que l'Antiquité n'intéressait plus personne ? › **Charles Ficat**

Le Cahier des livres

N° 1, automne 2021, 50 p., 7,50 €

Voici la toute première livraison du *Cahier des livres*, un trimestriel format A4 au papier agréablement cartonné et absolument sans réclame. Le magazine se veut le plus généraliste et le moins élitiste possible. La rédaction affiche une volonté de décloisonnement des disciplines : s'y côtoient en effet pêle-mêle tous les genres et sous-genres allant de la littérature française et étrangère à la chanson (Brigitte Fontaine). On y trouvera en outre des entretiens avec Lydie Salvayre sur son amour pour le Quichotte et Alain Damasio nous faisant découvrir les étalages de sa bibliothèque. La bande dessinée, les essais, l'édition jeunesse et la poésie figurent également au sommaire, avec notamment un très beau dossier consacré à Charles Baudelaire. Signalons un point très original : une rubrique qui traite exclusivement des artisans du livre, en l'occurrence du merveilleux et largement méconnu métier de relieur. Relier, c'est tout compte fait la grande ambition de Carine Lorenzoni, Lucie Servin et Jennifer Favorel, le trio créateur du *Cahier des livres*. Longue vie à lui. › **Mikaël Gómez Guthart**

Gaia
Revue interdisciplinaire
sur la Grèce archaïque
N° 24, 2021, Université Grenoble
Alpes Éditions, accès libre et
intégral

Depuis sa création en 1996, la revue *Gaia* paraît une fois par an. Conçue par Françoise Létoublon, en concertation avec André Hurst et Franco Montanari, elle se présente comme un « carrefour de discussions » sur la Grèce archaïque. Ses contributeurs sont issus de plusieurs disciplines complémentaires : littérature, philologie, histoire, anthropologie, archéologie, mais aussi linguistique puisque la revue accueille des textes inédits non seulement en français, mais aussi en anglais, en italien et en allemand. Ce 24ᵉ numéro est constitué d'un premier volet d'hommages à Ezio Pellizer (1942-2018), professeur de littérature grecque à l'université de Trieste et membre actif de plusieurs groupes de recherche internationaux. Miscellanées d'articles, « L'antropologo "classico", *entre bêtes et dieux* » (titre du numéro) s'attarde sur quelques figures majeures de la Grèce classique, comme Homère, Atalante et Lycophron, ainsi que sur les parodies littéraires du *Satyricon* (attribué à Pétrone) et sur le mythe de l'autochtonie athénienne.

Depuis quatre ans, la revue *Gaia*, dont les titres étaient disponibles, jusqu'en 2017, au format papier et numérique, est désormais éditée au format exclusivement numérique. Les numéros de 1997 à 2017 sont disponibles sur le site Persée. › **Lucien d'Azay**

Germinal
« La République écologique »
N° 2, mai 2021, 294 p., 15 €

Le changement climatique et la crise écologique représentent un facteur en plus à prendre en compte dans l'équation fragile sur laquelle reposent nos sociétés. Contre le risque des discours vides ou des récits utopiques paradoxalement hors-sol, la jeune revue semestrielle *Germinal*, créée en 2020 par Marion Bet et Nathan Cazeneuve, propose une analyse précise du problème social qu'est le défi climatique. Attaché à l'idée républicaine que l'État doit prendre en charge les mécanismes de solidarité sociale et donc environnementale, l'ouvrage se présente comme un regroupement de réflexions pragmatiques et politiques sur la manière dont nos institutions, politiques, juridiques, financières, agricoles… doivent aujourd'hui s'emparer de ces questions pour faire advenir de nouvelles pratiques. Un sommaire ambitieux rassemblant des penseurs tels que François Léger, Éloi Laurent ou encore Dominique Méda, et porté par l'idée sous-jacente que l'écologie doit permettre de fédérer une société autour d'un programme commun et démocratique, conciliant justice environnementale et justice sociale, loin des écueils du néolibéralisme vert ou du repli communautaire ; et, plus fondamentalement, qu'aucune décision politique ou économique ne peut et ne doit être comprise extraite de l'environnement dans lequel elle s'insère. › **Hortense Guégan**

NOTES DE LECTURE

Les Enfants de la Volga
Gouzel Iakhina
› Lucien d'Azay

L'Étrangère
Claudia Durastanti
› Lucien d'Azay

Au printemps des monstres
Philippe Jaenada
› Marie-Laure Delorme

Ce qui manque à un clochard
Nicolas Diat
› Marie-Laure Delorme

Une autre guerre. Histoire et nature du terrorisme,
John A. Lynn II
› Charles Ficat

Le Mystère Mussolini
Maurizio Serra
› Charles Ficat

Avant de s'en aller
Saul Bellow et Norman Manea
› Mikaël Gómez Guthart

La Fille qu'on appelle
Tanguy Viel
› Robert Kopp

Étude de la Correspondance de Jean et Suzanne Schlumberger. De la lettre à la littérature
Lucie Carlier
› Patrick Kéchichian

Cantique de la critique
Arnaud Viviant
› Sébastien Lapaque

Apaiser nos tempêtes
Jean Hegland
› Isabelle Lortholary

Rien à déclarer
Richard Ford
› Isabelle Lortholary

Ozu et nous
Nathalie Azoulai et Serge Toubiana
› Bertrand Raison

L'Irak, un siècle de faillite. De 1921 à nos jours
Adel Bakawan
› Tigrane Yégavian

Leur âme au diable
Marin Ledun
› Olivier Cariguel

Ainsi parlait Maeterlinck. Dits et maximes de vie choisis et présentés par Yves Namur
Maurice Maeterlinck
› Didier Dantal

Les Enfants de la Volga,
de Gouzel Iakhina, traduit
par Maud Mabillard,
Les Éditions Noir sur Blanc,
512 p., 24 €

Au début de son règne, Catherine II de Russie entreprit de coloniser les vastes territoires steppiques et presque inhabités qui bordaient la Volga. Elle invita les Allemands à s'y installer. Du sud-ouest de l'Allemagne, des colons vinrent peupler la région qui s'étend de Saratov à Pokrovsk, où l'on ne rencontrait que des nomades kirghizes. Ils y importèrent leur culture, leur langue et leurs confessions. Sous l'égide de la grande tsarine, cette « petite Allemagne domestiquée » compta plus d'un million de ressortissants et bénéficia d'un statut autonome. Mais les tsars, puis Staline la soumirent à la russification. La déclaration de guerre du IIIe Reich à l'URSS ne fit qu'accentuer la sujétion de ces colons. Beaucoup émigrèrent vers le continent américain. D'autres furent persécutés.

« Roman-fleuve » par excellence, *Les Enfants de la Volga,* second opus de la romancière russe Gouzel Iakhina, dont le grand-père appartenait à cette minorité germanique, relatent les événements du point de vue de Jakob Ivanovitch Bach, *Schulmeister* du village de Gnadenthal. Introverti, hanté par le folklore de sa communauté et viscéralement lié à la nature, il idolâtre une jeune femme, Klara, recluse dans une isba isolée, en marge du « vaste monde ». Violée par des intrus, elle meurt en donnant naissance à une fille, Anntche, à laquelle Bach, frappé de mutisme, se dévoue entièrement. Un orphelin maraudeur, Vasska, se joint à eux. Allégories d'une vie sauvage et innocente, les enfants grandissent dans une espèce d'Arcadie septentrionale où le langage importe moins que la splendeur bucolique. L'« esprit d'exploration » de la petite fille inspire à Gouzel Iakhina des pages lyriques dont le souffle évoque Jean Giono et Boris Pasternak. Le climat si prégnant qui s'en dégage vous fait douter de la réalité mortifère de l'histoire (dans *La Ligne rouge* et *The Tree of Life*, le réalisateur texan Terrence Malick déroute le spectateur de la même manière). Les *travellings*, plongées et contre-plongées panoramiques de cette chronique luxuriante et émouvante créent un « effet de distanciation », pour reprendre l'expression de Bertolt Brecht, qui contraste avec le processus d'identification auquel la lecture vous invite en même temps. Dissocié de la dialectique historique, on est émerveillé par un univers féerique tout imprégné de légendes. › Lucien d'Azay

L'Étrangère, de Claudia Durastanti,
traduit par Lise Chapuis,
Buchet-Chastel, 288 p., 20 €

L'Étrangère de Claudia Durastanti nous est présentée comme un roman, mais il s'agit d'une autobiographie à part entière, même si cette jeune Italo-Américaine avoue avoir « brodé » sur sa singulière expérience. Fille de parents sourds et emblématiques de tout ce que la période hippie a produit d'exaltant, de destructeur et de contradictoire, elle a grandi entre Brooklyn et la Basilicate, ou Lucanie, au sud de l'Italie. Séparés, ses parents tirent profit de leur handicap et le nient en même temps, au point de refuser de lui enseigner le langage des signes. Claudia oscille entre un milieu d'immigrés italo-américains, marqués par les stéréotypes de la Mafia, sans qu'on sache s'ils s'en inspirent ou les inspirent, et la vie archaïque d'une ancienne région de la Grande-Grèce. C'est dans cette instabilité schizoïde, toute pétrie d'une inquiétude féconde, que s'aiguise la sensibilité de la future écrivaine. Égarée, craignant de ne trouver sa « place » nulle part, elle vagabonde, prend souvent l'avion, en quête d'une capitale où s'établir (Londres, Rome). On songe à ces plantes épiphytes, aériennes, sans racines, qui poussent sur les branches d'autres plantes, sans avoir besoin de terre. Et au syndrome que Sigmund Freud nommait *das Unheimliche* et qu'on traduit en général par « inquiétante étrangeté ». Claudia, elle, parle de « principe d'extranéité », persuadée que l'amour naît « de non-dits cristallisés entre gens qui s'aiment ». L'« autre » nous apparaît dès lors comme un « sauveur » qui nous rachète.

Les digressions philologiques de l'écrivaine – sur les mots *marshes* et *moors* (« marécages » et « landes » en anglais), par exemple, qui l'envoûtent tout en suscitant en elle un sentiment mortifère – comptent parmi les passages les plus passionnants de cette quête introspective. On débroussaille volontiers avec elle la forêt vierge dont elle reproduit l'enchevêtrement à la faveur d'un style aux arabesques baroques. La traduction de Lise Chapuis s'en fait l'écho. Tantôt impeccable, tantôt approximative en raison d'italianismes et de néologismes moins heureux en français qu'en italien, elle crée un trouble qui restitue les difficultés qu'a dû connaître l'auteure pour s'approprier sa langue maternelle.
› **Lucien d'Azay**

Au printemps des monstres, de Philippe Jaenada, Mialet-Barrault, 752 p., 23 €

Le corps d'un garçon de 11 ans est retrouvé dans le bois de Verrières, au pied d'un chêne, au printemps 1964. Le petit Luc Taron a été apparemment étranglé. Quel peut être le mobile du meurtre ? Un corbeau envoie des lettres de revendication aux médias et à la police. Il menace de mort le père de la victime. Les missives folles sont signées « L'étrangleur ». Après quarante jours d'enquête bâclée, l'homme finit par être arrêté. Le frêle Lucien Léger, un infirmier sans histoire, avoue le meurtre et les cinquante-six missives signées « L'étrangleur ». Son premier avocat est le célèbre Maurice Garçon. Tout le monde le croit coupable, le motif reste incompréhensible. Lucien Léger a 27 ans et aucune vie devant lui. Il est condamné à la réclusion criminelle à perpétuité. L'ancien infirmier sortira de prison en 2005, à l'âge de 68 ans. Il aura passé quarante et une années enfermé pour le meurtre de Luc Taron. Philippe Jaenada le croit innocent.

Après *La Petite Femelle* sur l'affaire Pauline Debuisson accusée d'avoir assassiné son ex-fiancé et *La Serpe* sur l'auteur Georges Arnaud soupçonné d'avoir massacré sa famille, le romancier Philippe Jaenada revient sur l'assassinat du petit Luc Taron. Les années soixante, les avocats défaillants, le Paris interlope. L'écrivain pointe nombre de failles, d'incohérences, de partis pris dans l'enquête. Après trois ans de recherches, sa certitude se dessine: nous sommes face à une erreur judiciaire car Lucien Léger n'est pas coupable. Philippe Jaenada fait apparaître plusieurs personnages troubles dont Albert Modiano (le père de Patrick Modiano), Yves Taron (le père de la victime) et Jacques Salce (un expert en graphométrie). Tous mentent sur leur véritable identité. Philippe Jaenada rencontre un problème: « Ces gens sont odieux mais cela ne veut rien dire de plus. »

Au printemps des monstres est aussi un portrait de la folie médiatique. Lucien Léger manipule les médias, les médias massacrent Lucien Léger. Le romancier sauve le personnage de Solange Léger. La femme de Lucien Léger sera enfermée par intermittence à cause de ses troubles psychiatriques. Elle est l'oubliée, donc l'auteur ne l'oublie pas. Il restitue une vie de souffrances. Solange Léger écrivait pourtant à son mari: « J'aime la vie, je la veux la plus douce et agréable possible. » Philippe Jaenada fait revivre toute une enquête, une époque. Au centre, une victime: un enfant mort au pied d'un arbre, seul, dans une forêt perdue. › **Marie-Laure Delorme**

Ce qui manque à un clochard,
de Nicolas Diat, Robert Laffont, 240 p., 19 €

Un froid glacial. Il est né en février 1913, dans le Cher, chez ses grands-parents maternels. Il est le fils de Léon Bascoulard et de Marguerite Mulet. Un drame coupe sa vie en deux. Sa mère assassine son père, en 1932, d'une balle de pistolet. Marcel Bascoulard a 19 ans. Sa mère part à pied vers la prison du Bordiot, entourée de deux gendarmes. Elle sera internée à l'hôpital psychiatrique de Beauregard. Sa vie, dorénavant: la prison et l'hôpital. Marcel Bascoulard décide de quitter Saint-Florent-sur-Cher pour Bourges afin d'être au plus près d'elle. Il va se marginaliser peu à peu, au point de devenir un mendiant. Il loge dans le quartier Avaricum, à Bourges. On l'appelle « le clochard de Bourges ». Marcel Bascoulard terminera sa vie à Asnières-lès-Bourges. Il sera assassiné à 64 ans, en 1978, par un marginal de 23 ans.

Dès son plus jeune âge, il fait des croquis d'une grande virtuosité. Il commence tôt à dessiner des rues, des monuments, des maisons, des places à Saint-Florent-sur-Cher puis à Bourges. La cathédrale Saint-Étienne lui servira notamment de modèle. Marcel Pinon, architecte de la maison de la culture de Bourges, remarque son talent. Le clochard doué suit, un moment, des cours à l'école municipale des beaux-arts. Mais, partout, il étouffe. L'éternel autodidacte capture la beauté de toutes les manières possibles. Il est photographe, dessinateur, poète. Il aime Baudelaire, par-

dessus tout. Ses abris sont de fortune. Cabanes, greniers, ruines. Marcel Bascoulard devient une figure à Bourges, pour ses accoutrements de femme et sa vie de clochard.
Nicolas Diat fait le portrait d'un homme incapable de renoncer à sa vie de fuite : « J'étais prisonnier de ma liberté. » Sa mère fut le seul amour de sa vie. Elle meurt à l'hôpital psychiatrique de Limoges en 1944. Les mots n'auront plus jamais de sens pour lui. *Ce qui manque à un clochard* raconte la splendeur de la campagne berrichonne ; le choix de la pauvreté, de la différence, de la poésie ; la civilisation paysanne. Le style épouse le sujet : un éclat sobre. L'anachorète Marcel Bascoulard n'aime pas les bourgeois et ne croit pas en Dieu. Il n'a eu ni maison ni maître. Toute sa vie est un éloge du dénuement. Il va là où se trouve la beauté. › Marie-Laure Delorme

Une autre guerre. Histoire et nature du terrorisme, de John A. Lynn II, Passés composés-Ministère des Armées, 516 p., 26 €

Au moment où les commémorations du vingtième anniversaire du 11 Septembre atteignent une dimension internationale paraît en français cette histoire du terrorisme depuis 1789 qui couvre toutes les formes de violence à travers différents continents. La plupart des historiens américains qui travaillent sur le sujet ne remontent pas aux périodes antérieures. C'est à la fin du XVIIIe siècle, pendant la Révolution française, que cet usage prend naissance. Si, par sa violence liée à un manque de moyens, le terrorisme transgresse les lois de la guerre, telles que Clausewitz avait pu les énoncer dans son célèbre traité, force est de reconnaître que le phénomène s'est partout répandu et qu'il a revêtu quantité de critères et de variations. Le livre du célèbre professeur américain de l'université de l'Illinois, bien connu pour ses travaux consacrés aux guerres de Louis XIV, retrace les mutations et les cas de cette « autre guerre » : là consiste une précieuse relecture de l'histoire mondiale des deux derniers siècles. Le propos s'adresse avant tout au lecteur américain avec ses nombreuses références inconnues dans la vieille Europe. On appréciera à cet égard les ferventes pages consacrées au terrorisme suprémaciste américain dans les années qui ont suivi la guerre de Sécession. L'organisation la plus spectaculaire de ce courant est le Ku Klux Klan, dont l'existence s'étend sur près d'un siècle, alors que généralement un mouvement terroriste ne dure qu'une décennie ou deux. On ne s'étonnera pas également de trouver de longues considérations sur le terrorisme islamiste. Le livre s'achève sur une note d'ordre pratique : il s'agit d'aborder la menace que constitue le terrorisme avec « intelligence et sagesse » afin de ne pas se laisser manipuler par lui alors qu'il joue intensément sur nos peurs. Le livre instructif de John A. Lynn II offre le recul nécessaire à une approche sereine de ces explosions de violence régulièrement au cœur de l'actualité. › Charles Ficat

Le Mystère Mussolini, de Maurizio Serra, Perrin, 500 p., 25 €

Moins une biographie à proprement parler, à l'instar du maître livre de Pierre Milza (Fayard, 1999), qu'un portrait du dictateur italien qui cherche à percer certaines interrogations, l'ouvrage de Maurizio Serra, auteur d'études remarquées consacrées à Malaparte ou D'Annunzio et récemment élu à l'Académie française, présente d'indéniables qualités : son regard d'Italien offre une fréquentation intime du sujet avec lequel on devine un long compagnonnage ; une érudition vaste et solide puisée aux meilleures sources ; une distance sévère à l'égard du protagoniste : non que le jugement relève de la facilité, mais à se pencher de près sur le cas Mussolini, on découvre tant d'erreurs et de fautes stratégiques. Dès la première phrase du livre, le ton est donné : « Benito Mussolini (1883-1945) a toujours menti, du début à la fin de sa vie, parfois même sans s'en rendre compte. » Il est bien connu qu'on ne peut tromper son monde tout le temps. Au long des épisodes de cette vie incertaine et ballottée, le biographe s'efforce constamment de corriger les idées courantes répandues à son sujet tant en Italie qu'en Europe. Par exemple, à l'idée que Mussolini fut « bon » et « généreux », aussitôt Maurizio Serra rectifie : « Non, il était indifférent, animé par une sorte d'impassibilité, rare dans l'histoire et le tempérament italiens. » Chaque situation est expliquée dans le détail, ainsi l'occupation de l'Éthiopie ou l'antisémitisme, et bien sûr ses relations complexes avec le Führer.
Dans cette enquête très documentée, centrée autour des zones d'ombre irréductibles de la personnalité du Duce, à commencer par ses nombreuses contradictions qui vont au-delà des paradoxes, on émettra le regret que les œuvres et la pensée du personnage n'aient pas été plus exploitées. Ces écrits ne méritent sans doute pas de passer à la postérité, mais ils auraient pu éclairer davantage les mensonges à répétition d'un homme qui a mené son pays à la catastrophe. › Charles Ficat

Avant de s'en aller, de Saul Bellow et Norman Manea, traduit par Florica Courriol et Marie-France Courriol, La Baconnière, 180 p., 11 €

Une grande partie de ces entretiens explore les souvenirs d'enfance du Prix Nobel de littérature 1976. Ce dernier y évoque le creuset juif traditionnel dans lequel il a baigné, ses parents yiddishophones ne maîtrisant que maladroitement l'anglais, venus de Saint-Pétersbourg peu avant que n'éclate la Première Guerre mondiale. Saul Bellow décrit minutieusement ce qu'il appelle son « long processus d'américanisation », dont il n'est pas anodin de mentionner que son patronyme même porte le stigmate : son père, né Belo, avait transformé son nom en Bellows, puis Bellow. C'est du reste un des thèmes abordés dans *Les*

Aventures d'Augie March, comme le souligne Norman Manea. Saul Bellow avoue au fil de cet échange son amour inconditionnel pour l'œuvre de Marcel Proust (qu'il lisait en français) mais aussi pour celles de Joseph Conrad et de Léon Tolstoï, se livrant ainsi à un exercice d'admiration personnel et délicat, se gardant méthodiquement de digresser sur ce que devrait être la littérature, ou encore de psalmodier un quelconque catéchisme universitaire. On croise avec lui la route des personnalités qu'il a un jour rencontrées, comme John Fitzgerald Kennedy, François Mitterrand, Isaac Bashevis Singer (dont il fut le tout premier traducteur en langue anglaise) et même Léon Trotski gisant sur son lit de mort aux urgences de l'hôpital de la Cruz Verde à Mexico, la barbe encore imbibée de sang. Saul Bellow fait part d'une extrême méfiance à l'égard de l'orthodoxie – qu'elle soit d'ordre religieuse ou politique – et ne fait pas secret de son scepticisme envers les figures de Jean-Paul Sartre ou d'Hannah Arendt. On découvre aussi la place de choix occupée par le sacré dans sa formation d'écrivain, *L'Exode*, le *Premier* et le *Deuxième Livre de Samuel* faisant par exemple partie de ses livres de chevet. Ces entretiens ont d'une certaine façon valeur de testament littéraire : l'écriture étant, selon l'expression de Franz Kafka citée pour l'occasion par Norman Manea, la Grande Réponse au monde.
› **Mikaël Gómez Guthart**

La Fille qu'on appelle, de Tanguy Viel, Les Éditions de Minuit, 176 p., 16 €

Quand on lit un roman de Tanguy Viel, on ne doit, on ne peut sauter une phrase, une incise. Tous les infléchissements du vocabulaire, et (surtout) de la grammaire, comptent, importent, font sens – si l'on veut bien entendre positivement ce truisme éculé. Ainsi, l'art du romancier tient moins à l'intrigue qu'à la manière dont elle est détaillée, articulée, analysée à mesure que le récit se développe. Dès lors, les personnages sortent peu à peu d'eux-mêmes, des frontières sociales et psychologiques auxquelles la vraisemblance et un réalisme élémentaire ont pu les assigner. Sans devenir des symboles froids, des modèles édifiants, ils prennent vie et substance. Dans son magnifique dernier roman, *La Fille qu'on appelle* (exacte traduction de l'expression *call-girl*), Viel donne à nouveau, sur une scène étroite et bien identifiée, à constater une inéluctabilité sociale, sociologique, qui identifie chacun des quatre personnages principaux sans les réduire à leurs propres caricatures. Le jeu (simple en apparence) des interactions produit un récit complexe, haletant, alors même que tout semble connu, joué d'avance.
À l'une des extrémités du récit, un homme puissant, maire d'une ville côtière, puis ministre, Quentin Le Bars ; à l'autre, une jeune fille de 20 ans, une proie désignée, Laura, avec son père, boxeur et chauffeur du maire, Max Le Corre. Entre les deux, un douteux patron de casino, Franck

Bellec. Une narration plurielle se déploie, dans l'espace restreint, commandée par un rapport de force et de désir. Chaque personnage suit un parcours, non pas connu d'avance, mais attaché avec une forte chaîne à l'inéluctabilité dont je parlais. Soudain, la notion de consentement prend une épaisseur inédite, complexe… À propos de Tanguy Viel, signalons le dossier qui lui est consacré dans la revue *Europe* (septembre-octobre 2021) et renvoyons également à son livre de réflexion sur la littérature, *Icebergs* (Les Éditions de Minuit, 2019). › **Robert Kopp**

Étude de la Correspondance de Jean et Suzanne Schlumberger. De la lettre à la littérature,
de Lucie Carlier, Classiques Garnier, 2021, 196 p., 23 €

La littérature française est d'une richesse inégalée et il reste toujours quantité d'auteurs à découvrir ou à redécouvrir. Infiniment plus que dans n'importe quelle autre littérature. On le sait. On le dit. On le vérifie à chaque pas. Par exemple en se tournant vers un des amis les plus proches d'André Gide, Jean Schlumberger (1877-1968), le cofondateur de *La NRF*, du comptoir d'édition qui deviendra la maison Gallimard, du théâtre du Vieux-Colombier de Jacques Copeau. Il était sur tous les fronts dans ce renouvellement des lettres qui caractérise le tournant du XXe siècle, au sortir du symbolisme et du naturalisme. Comme romancier, comme dramaturge, comme poète. Et aussi, et surtout, comme mécène. Rien que ce dernier rôle mériterait une étude approfondie. Avis aux historiens de la culture ! Tout comme Gide, Copeau, Martin du Gard, Ghéon, Claudel et les auteurs de cette génération, Schlumberger n'a pas seulement publié une douzaine de romans, fait jouer une dizaine de pièces, composé, à ses débuts, quelques recueils de poésies, il a également écrit des milliers de lettres, à sa femme, aux membres de sa famille, à ses amis. Elles ne nous renseignent pas seulement sur sa vie et sur son époque, elles sont le laboratoire de son œuvre et la chambre d'écho des discussions qui ont entouré la naissance des œuvres de ses amis.

Ainsi, l'idée qu'avait Lucie Carlier de présenter la Correspondance de Jean Schlumberger avec sa femme Suzanne, née Weyher, peintre de son état et élève de Théo Van Rysselberghe, le mari de la Petite Dame, comme porte d'entrée dans son œuvre, était sans doute la bonne. Encore que, devant l'abondance des documents, elle a dû se contenter, dans un premier temps, de la période allant jusqu'en 1924, qui voit naître *La NRF*, la future maison Gallimard, le théâtre du Vieux-Colombier, les premiers romans et les premières pièces. Un travail qui appelle une suite, car Schlumberger a joué un rôle important dans les années trente et quarante, comme observateur de la vie intellectuelle (*Sur les frontières religieuses*, 1934), comme essayiste (*Plaisir à Corneille*, 1936), comme chroniqueur politique mettant en garde contre la montée des totalitarismes (articles pour partie recueillis dans *Jalons* et *Nouveaux Jalons*, 1942-1945), comme journaliste couvrant le procès Pétain.

Aussi secret et discret que son ami Gide était pressé de s'exhiber, Schlumberger a retracé son cheminement intellectuel et moral dans *Éveils* (1950), texte qu'il serait urgent de rééditer. En attendant, on se délectera du choix de pages que Pascal Mercier a tiré de son journal littéraire (*Notes sur la vie littéraire, 1902-1968*, « Les Cahiers de *La NRF* », Gallimard, 1999). Il restitue une époque et un milieu que l'étude de Lucie Carlier nous aide à mieux comprendre, ceux d'un groupe d'écrivains pour qui la littérature se confondait avec la vie. › Patrick Kéchichian

Cantique de la critique,
d'Arnaud Viviant, La Fabrique Éditions, 184 p., 13 €

Longtemps chroniqueur (rock, cinéma, télévision, littérature) au quotidien *Libération*, familier de l'émission *Le Masque et la Plume*, sur France Inter, où ses jugements ont le tranchant de l'épée, Arnaud Viviant a connu l'époque glorieuse où la critique littéraire était un sport de combat. Dans un vif petit essai, il observe avec stupeur un temps où elle est devenue un simulacre. Il y a des pages littéraires dans les journaux, des émissions consacrées à la littérature à la radio et à la télévision, mais dans la plupart des cas, ce qui relevait autrefois de la pensée et de l'art a cédé la place à la communication et au divertissement. « À partir du moment où l'on a décidé que les critiques devaient faire vendre des livres et non le journal, on a signé l'arrêt de mort de la critique », observe-t-il, un brin désabusé. La critique était jadis un art, naguère un passe-temps ; elle est aujourd'hui un songe. Avec le secteur tertiaire et les services, la critique littéraire fière et hardie quand officiaient Sainte-Beuve, Albert Thibaudet, Pascal Pia, Claude Roy, Kléber Haedens, Matthieu Galey, Bernard Frank, Renaud Matignon ou Angelo Rinaldi participe désormais de ce que Guy Debord, dans *La Société du spectacle*, a nommé « l'immense étirement des lignes d'étapes de l'armée de la distribution et de l'éloge des marchandises actuelles ». La faute à Internet ? Pas seulement. Le phénomène de corruption est antérieur à la mise en place des réseaux sociaux, ainsi que le montre Arnaud Viviant dans un chapitre cinglant de son livre. La tête du poisson pourrit depuis longtemps. Avec les gens de son camp, l'auteur de *La Vie critique* (Belfond, 2013) aimerait voir la critique littéraire renouer avec sa fonction démocratique. Avec Pierre Boutang, nous lui rappelons la charge inamovible des écrivains qui s'y emploient : « À quoi servent les critiques ? Ce ne peut être qu'à maintenir le sens et la fonction religieuse du langage. » › Sébastien Lapaque

Apaiser nos tempêtes, de
Jean Hegland, traduit par Nathalie Bru, Phébus, 560 p., 23 €

On ne naît pas mère, on le devient, parfois par la contrainte. C'est le cas d'Anna et de Cerise, les deux héroïnes

du dernier roman de Jean Hegland. Elles n'ont rien en commun, ces deux femmes dont on suit le parcours sur presque deux décennies et plus de cinq cents pages. Rien, sinon qu'elles sont « tombées » enceintes l'une et l'autre très jeunes, sans l'avoir imaginé, encore moins désiré – ici l'expression « tomber enceinte » n'a jamais été aussi appropriée, la réalité leur tombant dessus. Elles n'ont rien en commun, sinon que cette première grossesse coupera leur existence en deux, entre un avant et un après « ça » qui ne s'effacera jamais, bébé ou pas. L'une a 22 ans, promise à une belle carrière de photographe, étudiante à l'université de Washington, c'est Anna. L'autre vient d'un milieu modeste, est encore lycéenne et habite en Californie sous l'emprise d'une mère peu aimante. C'est Cerise. Alors que la première est ambitieuse, la seconde est persuadée de sa médiocrité. Alors qu'Anna décide d'avorter (« Elle ne s'était jamais posé la question de garder ou de ne pas garder. Pour elle, il était question d'être ou de ne pas être. Une mère »), la seconde au contraire choisit d'aller jusqu'au terme et met au monde une petite fille qu'elle prénomme Melody (« Une émotion si forte l'étreignit qu'elle se mit à pleurer… Le mot "bénédiction" lui vint à l'esprit »). On pourrait reprocher à l'auteure certaines facilités, dont cette construction binaire entre Anna et Cerise, construction en alternance qui ne s'arrête qu'au dernier quart du roman, lorsque les deux femmes se rencontrent enfin ; et l'on pourrait aussi reprocher cette rencontre, très « issue américaine ». Mais le regard à la fois subtil, aigu et profondément humain de Jean Hegland balaie toute réserve. Mieux qu'un essai ou une étude psychologique, *Apaiser nos tempêtes* interroge la quête identitaire, les motivations secrètes de l'amour et les désillusions de la maternité. Le titre français en dit long. Quand elles y parviennent, les femmes apaisent leurs tempêtes seules. Par la force des choses. Parce qu'elles n'ont pas le choix. Et malgré tout.
› **Isabelle Lortholary**

Rien à déclarer, de Richard Ford, traduit par Josée Kamoun, Éditions de l'Olivier, 384 p., 22,50 €

C'est à sa femme Kristina que Richard Ford dédicace son dernier livre. C'est aussi elle qu'il remercie à la fin de l'ouvrage, la qualifiant de merveilleuse. Ce n'est pas un hasard. Dans les dix nouvelles du recueil *Rien à déclarer*, des femmes et des hommes se penchent sur leur passé, la plupart ont déjà entamé la seconde moitié de leur existence, ils sont souvent solitaires, divorcés ou veufs, parfois célibataires par fatalité. Les amours, les amitiés, quand elles se finissent et quelle qu'en soit la raison, sont au centre de leurs pensées et de leurs journées. Et s'il est déjà un peu tard pour (se) reprocher ou (se) pardonner, pour comprendre, pour parler, pour aimer, ou pour effacer les larmes aux joues des femmes que d'autres ont fait couler, rien n'est perdu non plus. « La vie, ce sera cela désormais. Un catalogue. Les conversations, les rencontres, les gens, les départs, les arrivées. Les choses qui passent. Rien d'effroyable », songe l'un des héros, ce qui résume bien le goût de l'auteur pour le désenchantement. Dans *Rien à déclarer*, un quinqua retrouve par hasard une fille qu'il a aimée d'un cœur nonchalant des années plus tôt, au temps de la fac : « On aurait pu avancer que, sans en avoir conscience, il avait pensé à elle tous les jours. Mais enfin, il avait pensé à des tas d'autres choses tout aussi souvent. » Dans « La traversée », un avocat en plein divorce fait la connaissance d'une femme qui lui rappelle la sienne, en plus jeune : « Dans toutes les circonstances, ou presque, quand on pleure, c'est qu'il aurait fallu pleurer plus tôt. » Dans « Savoir se tenir », le veuf d'une suicidée retourne sur les lieux de leurs dernières vacances : « Il se passe des choses dont on croit qu'elles risquent de changer la vie, et puis tout finit par devenir supportable, voire parfois un peu mieux. » On pourrait citer des dizaines d'autres phrases où l'humour, l'acuité et la tendresse affleurent, rendus sensibles par le talent de la traductrice. On pense à James Salter, à Laurie Colwin et à Raymond Carver. Sinon la mort, rien d'irrémédiable, rien à déclarer. Mais beaucoup de choses sérieuses. › Isabelle Lortholary

Ozu et nous, de Nathalie Azoulai et Serge Toubiana, Arléa, 223 p., 19 €

Une conversation en forme de partie de ping-pong où nos deux auteurs prennent pour objet de leurs discussions les vingt et un films de Yasujirô Ozu disponibles en France, qu'ils visionnent chacun de leur côté en y apportant leurs commentaires. S'ils s'attachent à un fragment de l'œuvre que le cinéaste japonais tourna entre 1930 et 1960, nos deux joueurs n'entendent pas se livrer à une joute cinéphilique même si Serge Toubiana présida aux destinées de la Cinémathèque française. Quant à l'auteure de *Titus n'aimait pas Bérénice*, elle découvre l'opus du réalisateur en 2018. Un dialogue donc, affranchi du poids des références savantes le long d'un parcours cinématographique choisi davantage pour la résonance de ses thèmes que pour sa continuité chronologique. Fidèle à cette licence, le récit multiplie les allers-retours entre la période du muet et celle du parlant, soit en amont et en aval de l'année 1935. Nous glissons dans les méandres des histoires de famille dont Ozu reprend inlassablement les conflits et les compromis en variant à l'infini leurs circonvolutions, ce que ne manque pas de signaler notre duo, notant les répercussions affectives qu'elles suscitent en eux. Prenant le temps de se lire et de se répondre, ils évitent la menace du monologue pontifiant, et au fil des échanges, le profil de chacun se dessine. Bien sûr, Serge Toubiana ne peut réprimer ses réflexes d'historien du cinéma mais sans effet de manche. Chaque duettiste suit une ligne qui lui est particulière sans empiéter sur la partition du voisin : avançant de concert, précisant ici une nuance, détaillant là un point de vue. Ce qui met singulièrement en relief les différences.

À un moment de la correspondance, Serge engage Nathalie à parler du sacré chez Ozu mentionnant cette manière si particulière qu'il a d'« évoquer une sorte de puissance supérieure, invisible, qui organiserait le monde, le secret agencement des objets et de la nature, à travers le plan fixe ». La réponse fuse, inattendue. En fait de sacré, c'est plutôt le mystère qui l'intéresse, celui par exemple des pieds sur les tatamis, cette partie du corps, ajoute-t-elle, « où notre cinéma va rarement ». Ce bonheur de l'observation conjugue le trivial et le sublime, qui se croisent d'ailleurs volontiers dans l'œuvre du maître. › **Bertrand Raison**

L'Irak, un siècle de faillite. De 1921 à nos jours, d'Adel Bakawan, Tallandier, 2021, 288 p., 19,90 €

Entité morcelée en plusieurs fragments irréconciliables, cent ans après sa création, l'Irak demeure une « nation empêchée ». Pour mieux comprendre les racines des maux qui rongent son pays d'origine, l'auteur insiste sur deux facteurs. Il y a d'abord cet État irakien créé de toutes pièces en 1921 sur les décombres de l'Empire ottoman par les Britanniques Gertrude Bell, agente de renseignement, archéologue, et Sir Percy Cox, administrateur du Colonial Office au Moyen-Orient, et ensuite le rôle de la communauté sunnite qui tenait les rênes de la région sous la domination ottomane depuis le XVIIe siècle alors qu'elle était minoritaire. Le péché originel de l'Irak repose donc sur l'accaparement du pouvoir par une élite sunnite fortement minoritaire au détriment de la majorité chiite, une élite qualifiée de « minorité arrogante » par le premier roi hachémite d'Irak, Fayçal Ier, lequel était porteur d'un projet de construction nationale inclusif. Mais s'il pourfend l'attitude des sunnites, Adel Bakawan se désole de voir que les chiites ont raté une occasion historique de collaborer avec les Britanniques pour avoir leur part du gâteau.

Depuis un siècle, l'Irak n'a jamais connu vraiment la paix, les coups d'État et répressions successifs se sont soldés par la persécution de plusieurs groupes : Assyriens d'abord, puis communistes, Turcomans, Kurdes, chiites… jusqu'à l'avènement de la dictature de Saddam Hussein et la revanche des chiites en 2003. Si, dans les années soixante et soixante-dix, le pouvoir sunnite masque son confessionnalisme derrière le paravent du nationalisme panarabe à la sauce baasiste et dans une moindre mesure nassérienne, les chiites ont été traversés par une ligne de clivage entre communisme et islam politique. Deuxième pays producteur de pétrole au monde, l'Irak est aujourd'hui champion des inégalités. En renversant le régime baasiste et en marginalisant les sunnites, les Américains ont répété les mêmes erreurs que leurs prédécesseurs britanniques. Condominium américano-iranien ultra-corrompu et vidé de sa substance, l'Irak s'enfonce chaque jour dans le chaos et la violence des milices. La conclusion de l'auteur n'est guère à l'optimisme. › **Tigrane Yégavian**

Leur âme au diable, de Marin Ledun, Gallimard, 608 p., 20 €

L'influence subliminale des magnats du tabac a perverti les âmes. Par quels moyens de séduction et de décervelage des scientifiques ont-ils accepté des subsides pour financer leurs recherches subrepticement orientées ? Comment diable un cigarettier a-t-il réussi à sponsoriser une équipe de formule 1 et à imposer sa marque sur le capot de bolides ? L'industrie du tabac, aux secrets bien gardés, tient la dragée haute aux gouvernements et aux associations antitabac. Ancien chercheur chez France Télécom broyé par le management oppressif des années deux mille, Marin Ledun, auteur d'une vingtaine de polars réputés, connaît le monde de l'entreprise. Dans *Leur âme au diable*, il perce le fonctionnement interne et les moyens considérables de la multinationale European G. Tobacco. Si vous voulez tout comprendre de cet univers opaque, lisez-le. La matière explosive de ce qui aurait pu être un document sous la menace de procès a donné naissance à un roman noir percutant et exceptionnel. Par le tableau à 360 degrés d'un système qui avance masqué du producteur au consommateur, depuis le cultivateur jusqu'au lobbyiste bruxellois ou parisien qui hameçonne les élus. Par la mise au jour de stratégies marketing conjuguant chantage, corruption par l'argent ou des *escort girls*, et crime en bande organisée, Marin Ledun dessine les ramifications d'une emprise impitoyable sur les citoyens, les décideurs et la santé humaine. Un inspecteur français, opiniâtre, s'acharne pendant plus de vingt ans, avec l'aide d'un procureur italien, à croiser le fer pour porter devant la justice européenne les pactes de corruption et les manœuvres occultes. Le pouvoir de l'argent est omniprésent. Braquages, meurtres, intimidations, pressions, déversement de billets à tous les étages, tout est bon pour le consultant David Bartels, lobbyiste mégalomane qui ourdit les manœuvres les plus agressives déployant une manipulation de masse. La fiction n'est que réalité et, d'une écriture au scalpel, Marin Ledun décrit l'envers de l'aliénation de nos plaisirs et de notre liberté. › Olivier Cariguel

Ainsi parlait Maeterlinck. Dits et maximes de vie choisis et présentés par Yves Namur, de Maurice Maeterlinck, Arfuyen, 2021, 172 p., 14 €

Si pour Dostoïevski, selon la formule souvent citée, c'est « la beauté qui sauvera le monde », pour Maurice Maeterlinck ce serait plutôt à l'intelligence qu'incomberait cette tâche insigne – une intelligence dont l'auteur de *Pelléas et Mélisande* se fait d'ailleurs une conception avant tout esthétique et pour tout dire nobélisable (ne fut-il pas le seul écrivain belge à recevoir le prix Nobel de littérature, en 1911 ?). Dès lors, il y a chez le Flamand une beauté de l'intelligence qui se matérialise, de façon bien réelle et palpable, à travers une communion de tous les instants entre l'homme et l'univers, entre l'infiniment grand et l'infiniment petit, entre l'infini qui nous précède et celui qui nous suit. Cet échange, osmose ou symbiose, c'est proprement l'intelligence, celle qui ne se limite pas à l'exercice du cerveau seul : le monde maeterlinckien est, à cet égard, un monde poreux et perméable, circulaire et recyclable, « où le commencement qui n'existe pas rejoint la fin qui est impossible », où tout finit en somme par s'équivaloir : « Ce qu'on appelait “les dieux”, aujourd'hui on l'appelle “la vie”… »

Cette dilatation de soi (de l'homme à l'humanité, de l'un au commun) n'est autre que l'expression-expansion de notre vie intérieure – qu'il faudrait dès lors appeler notre vie extérieure. Car nous inspirons et expirons le monde qui nous entoure comme l'air qui nous fait vivre. « Nous sommes à la fois nous-même et l'univers, nous-même et l'infini. » Nous sommes liés à tout ce qui respire. Une prise de conscience qui ne peut qu'agrandir notre être à la mesure du Grand Tout ou du Grand Inconnu, et nous rendre heureux.

Il en résulte chez Maeterlinck une confiance quasi aveugle dans l'avenir, une croyance dans la nécessité. « L'avenir est en nous et nous sommes l'avenir. Nous sommes les vases de l'avenir. Si ces vases n'existaient pas, l'avenir se serait répandu et la terre l'aurait absorbé sans en laisser de traces. » Il suffit d'ouvrir les yeux à la lumière qui est présente dans tout ce qui arrive. La mort elle-même, si l'on envisage les choses à partir d'une certaine hauteur, fait partie intégrante de la vie : simplement, écrit-il, « vivre, c'est oublier qu'on est mort ; et mourir, c'est oublier qu'on vit ». Ce qui est postuler une sorte d'immortalité éphémère que Maeterlinck, au soir de sa vie (dans *L'Autre Monde ou le Cadran stellaire*, texte de 1942), aura à cœur de résumer sous forme poétique, à travers la métaphore mémorable de la « bulle de savon » : « L'homme est une bulle de savon. La bulle a de belles irisations et la forme des mondes. Elle flotte tranquillement dans l'espace. Elle a l'air heureuse, puis elle crève. L'air qu'elle contenait se mêle à l'air qui l'entourait et la pellicule qui la renfermait s'évapore dans ce même air. Rien n'est perdu puisque rien ne se peut perdre ; et le souvenir des belles irisations demeure un instant dans les yeux qui les ont remarquées. »

› **Didier Dantal**

REVUE
DES DEUX
MONDES
97, rue de Lille | 75007 Paris
Tél. 01 47 53 61 50 | Fax 01 47 53 61 99
N°ISSN : 0750-9278
www.revuedesdeuxmondes.com
revuedesdeuxmondes@gmail.com
Twitter @Revuedes2Mondes

Rédaction
Directrice | Valérie Toranian
vtoranian@revuedesdeuxmondes.fr
Coordinatrice éditoriale | Aurélie Julia
ajulia@revuedesdeuxmondes.fr
Secrétaire de rédaction | Caroline Meffre
cmeffre@revuedesdeuxmondes.fr
Révision | Anne Fauvel

Comité d'honneur
Alexandre Adler | Nathalie de Baudry d'Asson | François Bujon de l'Estang | Françoise Chandernagor | Marc Lambron | Alain Minc | François d'Orcival | Étienne Pflimlin | Ezra Suleiman | Christian Jambet

Comité de rédaction
Manuel Carcassonne | Olivier Cariguel | Jean-Paul Clément | Charles Dantzig | Franz-Olivier Giesbert | Renaud Girard | Adrien Goetz | Thomas Gomart | Aurélie Julia | Robert Kopp | Élise Longuet | Thierry Moulonguet | Jean-Pierre Naugrette | Éric Roussel | Eryck de Rubercy | Jacques de Saint Victor | Annick Steta | Marin de Viry

Communication | partenariats | publicité
Responsable du développement et des partenariats
Marie Pagezy | mpagezy@revuedesdeuxmondes.fr

Contact presse
Aurélie Julia | ajulia@revuedesdeuxmondes.fr

Société éditrice
La *Revue des Deux Mondes* est éditée par la Société de la Revue des Deux Mondes SNC au capital de 2 545 074 euros.

Principal actionnaire
Groupe Fimalac

Directeur de la publication
Thierry Moulonguet

Imprimé en France par Aubin Imprimeur avec des encres blanches certifiées BLUE ANGEL sur du papier issu de forêts gérées durablement et façonné avec des colles écocompatibles à base d'hévéa.
Commission paritaire : n° 0325D81194
La reproduction ou la traduction, même partielles, des articles et illustrations parus dans la *Revue des Deux Mondes* est interdite, sauf autorisation de la revue.

Abonnements (9 numéros par an format papier + numérique)
France | 1 an › 89 euros | 2 ans › 165 euros |
Abonnement étudiant | 1 an › 65 euros
Étranger | 1 an › 129 euros

Service des abonnements
En ligne : www.revuedesdeuxmondes.fr/abonnement.
Par courrier :
Revue des Deux Mondes
235, avenue Le Jour-Se-Lève
92100 Boulogne-Billancourt
Tél. : 01 44 70 14 71
revuedesdeuxmondes@abonnescient.fr

Ventes au numéro
Disponible chez les principaux libraires (diffusion Humensis, renseignements : Andrés Morales | 01 54 42 84 82 | andres.morales@humensis.com, distribution Union Distribution) et marchands de journaux (renseignements : vente au numéro | Gilles Marti | 01 40 54 12 19 | gilles.marti@valmonde.fr).
Ce numéro comprend un bulletin d'abonnement broché entre les pages 152 et 153.
Couverture ©Hannah Assouline/Opale